응원

2017년 10월 20일 1판 1쇄 인쇄
2017년 10월 30일 1판 1쇄 발행

지은이 | 오창섭
펴낸이 | 이호준
펴낸곳 | 북촌

등록번호 | 제300-2015-55호
등록일자 | 2015년 3월 24일

주소 | 03170 서울특별시 종로구 새문안로 5가길 28, 1216호(적선동, 쌍용플래티넘)
전화 | 02) 722-3629, 070) 8834-3629
팩스 | 02) 395-3629
이메일 | bookblog@naver.com

ISBN 979-11-955091-6-4 (03320)

이 책을 만든 사람들
북 디자인 | 아르떼203 김민주
제작 | (주)꽃피는 청춘

ⓒ오창섭

이 책의 판권은 저작권자와 북촌에 있습니다.
저작권자와 북촌 모두의 서면 동의 없이는 이 책의 일부 또는 전부를 이용할 수 없습니다.

- 책값은 표지에 있습니다.
- 잘못된 책은 바꾸어 드립니다.

오창섭 지음

북츠

추천사

《응원》책을 응원하며:
응원은 영원히 변치 않는 마음으로 도와주는 성원(聲援)이다!

사람은 저마다 힘든 사연을 품고 오늘도 전쟁과 같은 삶을 살아간다. 강도의 차이는 있지만 누구나 아픔이 있고, 슬픔도 있지만 일상에서 느끼는 소소한 기쁨도 있다. 희로애락 喜怒哀樂의 파노라마가 곧 우리가 살아가는 삶이다. 힘들고 지칠 때 누군가에게 따뜻한 위로와 응원의 박수를 받으면 없던 힘도 생긴다. 응원은 뭔가를 '원'하는 사람에게 조건 없이 '응'이라고 대답해주는 따뜻한 반응이다. 이상적인 인간관계는 이해타산을 머리로 따지는 관계를 넘어선다. 인맥은 머리가 관여하지만 인연은 가슴이 관여한다. 가장 이상적인 인간관계는 차가운 머리로 득실을 따지는 이해관계가 아니라 따뜻한 가슴으로 상대를 포용하고 지원하는 관심과 애정의 연대다. 관심과 애정의 연대가 믿음으로 다져지면 눈빛만 봐도 무엇을 원하는지를 감지할 수 있다. 머리로 알기 이전에 가슴으로 느낌이 온다. 느낌은 언제나 앎보다 먼저 온다. 앎은 거짓말을 하지만 느낌은 정직하다. 정직한 느낌 그대로 희망의 연대를 이루어 나가는 과정에서 절대적으로 필요한 강력한 접착제이자 촉진제가 바로 응원이다.

응원은 지위고하를 막론하고 따뜻한 인간관계 속에서는 어디에서나 이루어지는 인간적 격려이자 아낌없는 지원이다. 특히 응원은 상대가 도움을 요청하거나 필요함을 느낄 때 무조건 발 벗고 나서는 관계 속에서 더욱 힘을 발휘한다. 세상에서 가장 멋진 벗은 누군가 어려울 때 발 벗고 나서는 벗이라고 《유영만의 생각읽기》에도 쓴 적이 있다. 응원은 내가 가진 나머지 힘을 다른 사람에게 건네주는 행동이 아니다. 비록 내가 가진 힘이 미약하지만 그 힘으로도 얼마든지 다른 사람에게 따뜻한 반응을 보여줄 수 있다. 본래 책임responsibility 진다는 말도 상대방의 요구에 반응response 하는 능력ability 이다. 내가 누군가를 책임진다는 것은 결국 상대방이 무엇을 원하는지 귀담아 듣고 있다가 적당한 시기에 반응하는 능력이다. 책임은 일에 대한 관심과 애정을 포함해서 그 일을 하는 사람에 대한 각별한 응원을 의미하기도 한다.

응원은 누가 누군가를 일방적으로 도와주는 지원이나 후원을 의미하지 않는다. 오히려 응원은 상대가 간절히 바라는 소원이나 염원에 대해 차원을 달리하여 영원히 변치 않는 마음으로 도와주는 성원聲援이다. 우리 모두가 간절히 원하는 소원이나 염원도 응원을 통해 이루어진다. 여기

소개된 11명의 인생 멘토들은 열심히 노력한 덕분에 자기다움을 찾아 자기답게 살아가는 사람들이지만, 이들 각자가 이룩한 위대한 작품도 수많은 사람들이 응원해준 덕분에 만들어진 사회적 합작품이다.

　이 책은 인생 멘토 11명이 꿈꾸는 세계를 독자들과 함께 들여다보는 책인 동시에, 그들도 누군가로부터 받은 응원의 힘으로 이 세상을 살아가고 있음을 보여주는 책이다. 어둡고 힘든 터널을 빠져나가야 하는 이 시대의 모든 사람들에게 멘토는 먼저 성공한 사람들이 아니다. 오히려 그들은 힘을 합쳐 응원하며 함께 꿈을 이루자고 먼저 손 내밀어주는 가슴 따뜻한 벗이다. 누군가 힘들고 어려울 때 가장 먼저 발 벗고 나서서 도와줄 벗이기 때문이다.

　인생 최고의 학위는 박사가 아니라 감사와 봉사다. 석사와 박사 학위를 갖고 있어도 자신의 재능을 공동의 선과 미덕을 위해 쓸 줄 모르는 사람은 머리만 좋은 학자나 지식인에 불과하다. 세상에서 가장 행복한 사람은 매사가 덕분이라고 생각하고 감사하면서 자신이 가진 작은 재능도 다른 사람과 나누며 보다 밝고 희망찬 사회를 만들기 위해 봉사를 실천하는 사람들이다. 이 책의 저자인 오창섭 한국중앙자원봉사센터장도 현장에서 발 벗고 나서서 자원봉사 활동을 함께 주도하고 실천하면서 응원이라는 화두를 몸으로 깨달은 덕분에 이 작은 결실을 세상에 내놓은 것이다.

 더불어 살아가는 희망과 꿈의 공동체를 만들어나가기 위해 지금 우리 모두에게 필요한 메시지는 응원이다. 우리 모두가 응원이라는 메시지를 주고받으면서 따뜻한 사랑이 오고가는 사람과 사람 사이, 그 사이에서 행복한 우리 사회가 될 수 있기를 염원하면서 이 책이 우리 모두의 염원이 이루어지는 데 시금석이 되었으면 하는 희망도 가져본다.

유영만
지식생태학자
《생각지도 못한 생각지도》 저자
한양대학교 교수

추천사

11명과 응원의 파도타기를 하며:
개인의 꿈과 기업의 사회적 책임을 응원으로 풀어낸 책

이 시대는 4차 산업혁명이라는 새로운 변화에 어떻게 적응할지를 고민해야 하는 시대다. 평생직장도 종말을 고하고 평생직업이나 평생고용의 길을 찾아나서야 하는 사회가 된 것이다. 특히 베이비부머를 비롯한 장년들에게 은퇴 후의 인생 2막은 당장 해결해야 하는 새로운 숙제가 되었다. 그동안 이들은 모두 가정과 생계를 위해 열심히 일했지만, 직장에서 내몰려 나오는 순간 자존감도 존재감도 상실할 위기에 처했다. 엎친 데 덮친 격으로 청년들도 유례없는 취업난으로 힘든 시기를 살아가고 있다. 원하는 직장을 얻을 기회의 문이 점점 더 좁아지는 가운데 원치 않는 선택을 하도록 내몰리고 있는 것이다.

특이한 점은 은퇴를 앞둔 50대 장년들에게 20대 자녀들이 있다는 점이다. 이 책에서 지적했듯이 이 두 세대는 어려운 파고를 함께 헤쳐 나가야 하는 내몰린 세대인 동시에 맞물린 세대다. 이 책 저변에 흐르고 있는 현실에 대한 이런 문제의식은 독특하면서도 주목할 만한 부분이다. 저자 오창섭 한국중앙자원봉사센터장은 우리에게 닥친 이 위기를 어떻게 바라보며 이겨낼 것인가에 대한 해답을 이 책에 등장하는 11명과의 만남을 통해 찾아가고 있다.

  이 책에 등장하는 11명의 등장인물들은 자신에게 초점을 맞추기보다는 다른 사람들에게 초점을 맞추고 함께 행복하기 위해 지금도 성장하고 있는 사람들이다. 저자는 이들이 스스로를 가르치고 소통을 통해 서로를 응원하며 나눔을 통해 성공의 길을 모색하는 과정을 따라간다. 자기만의 강점과 잠재력을 찾아내 꿈을 향해 한 걸음씩 나아가고 있는 사람들의 삶을 따라감으로써, 현실의 위기를 극복할 대안을 찾아보자는 것이다. 그 결과 저자는 우리가 선택할 가장 합리적인 길은 함께 서로의 삶을 응원하는 것임을 확인하게 된다.

  이 책에는 이제 막 사회에 첫발을 내디딘 20대부터 위기상황을 극복하고 장밋빛 인생을 개척해 가는 3,40대도 있으며, 인생 후반기를 자기만의 강점으로 만들어가며 멋지게 소통하는 50대에 이르기까지 전 세대가 망라되어 있다. 직업 또한 벤처 창업자, 오케스트라 지휘자, 중견기업가, 창업 멘토, 사진가, 작가, 성악가, 그리고 사회적 기업가에 이르기까지 무척 다양하다. 하지만 이들은 공통적으로 자신을 응원하는 데서 출발해 여럿이 함께 응원하며 나아가는 것의 가치와 힘을 발견했다. 저자는 이런 점에 주목하여 개인과 개인, 개인과 사회, 기업과 개인 등이 손을 맞잡고 함께 응원하며 꿈을 향해 달려가자고 제안한다.

   이 책은 스스로를 응원하는 동시에 다른 사람을 응원하기 위해 일어선 11명의 사례를 통해, 이 시대에 우리 모두에게 응원이 필요하다는 것을 보여준다. 특히 건강한 공동체와 기업문화를 세워가기 위해 응원을 중심으로 기업의 사회적 책임을 풀어낸 점은 매우 시사적이다. 오랜 기간 삼성에서 인적자원개발 임원으로 근무한 사람으로서, 기업에 머무르는 동안 구성원이 행복해야만 행복한 이별도 가능하다는 주장에 공감을 표하고 싶다. 직원들이 현직에 있는 동안 스스로의 역량을 배양하고 평생직업을 준비할 수 있도록 기업이 도와준다면, 직장에 있는 동안 행복할 뿐만 아니라 이별 또한 아름답게 맞이할 수 있을 것이다. 이는 기업이 주도적으로 사회적 책임을 이행하는 것으로서, 수많은 직원들과 함께 일하고 있는 기업들이라면 한 번쯤 새겨봐야 할 대목이다.

   마지막으로 이 책의 독특한 점은 응원을 자원봉사의 마중물로 보고 있다는 점이다. 스스로를 응원하는 데서부터 출발하여 함께 응원하는 것이 봉사와 나눔의 삶을 가능하게 하는 마중물이 된다는 점에서 감동을 준다. 이렇게 볼 때 이 책은 마음에서 우러나오는 봉사를 가능하게 하는 마중물로서, 도움이 필요한 누군가의 의자가 되어 줄 것으로 본다. 이 책은 응원의 파도타기를 즐기는 주인공 11명의 삶을 통해 인생 후반기를 의미 있게 살아가는 법을 제시하는데, 이는 내가 평소에 강조하는 부분이기도 하다. 이 책이 사회에 작은 울림이 될 것이라 믿어 의심치 않으며, 출간을 응원하는 바이다.

공선표
전 삼성경제연구소 인적자원연구실장
현 한국직업진로지도협회 이사장
SAM Site(주) 대표

들어가면서

인생의 마중물, 응원을 길어 올리며

이 시대를 읽는 키워드는 응원이다. 은퇴를 앞둔 아버지 세대와 취업을 못한 자녀 세대가 사회적으로 풀어내기 힘든 어려움에 처해 있고, 인생의 방향을 스스로 선택하기보다는 원하지 않는 삶으로 내몰리는 상황에서 가장 먼저 떠오르는 말이기 때문이다. 꿈을 이뤄내기 힘들어지고 경제적·사회적 문제로 고통 받는 상황에서, 우리는 응원의 필요성을 점점 더 절감하게 된다. 이 때문에 역경에 굴하지 않고 자기만의 노하우와 강점으로 꿈을 개척하고 있는 11명의 인생 멘토를 만나는 것은 그만큼 더 의미가 있다.

원하는 직업을 얻지 못해 좌절하거나 직장에서 맞지 않는 옷을 입은 듯 힘들어하기도 하고, 퇴직이 임박하지만 막막하기만 한 경우 등 우리가 처한 현실은 무척 엄중하다. 개별 사안들이 절박하고도 다양한 만큼 구체적인 해법을 찾아내기란 그만큼 더 어렵기에, 나는 우리 모두에게 닥친 이런 난관을 어떻게 풀어나가야 할 것인가에 대한 해답을 찾아 나섰다. 다양한 영역에서 자신의 꿈을 개척해 가는 인물들의 삶을 만나봄으로써, 꿈과 멀어졌던 사람들이 실질적인 조언도 받고 다양한 성공 모델을 발견할 수 있도록 도와주고 싶었기 때문이다. 허공에서만 맴도는 일방적인 응원이 아니라, 우리와 비슷한 경험을 했지만 끝내 일어섰던 사람들의 삶을 따라가는 과정에서 우리가 포기했던 꿈을 다시 꿀 수 있도록 구체적인 도움을 주는 그런 응원을 하고 싶었다. 그리고 각자가 받은 응원을 사회 속으로 확산시켜 모두 함께 손잡고 꿈을 향해 달려가는 역동적인 응원을 꿈꿨다. 이게 바로 이 책의 11명과 함께 독자들을 응원하게 된 이유이고, 이런 점에서 이 책의 진정한 주인공은 이 책을 읽는 독자들이다.

　응원은 인생에 징검다리를 놓는 과정이다. 꿈을 향해 나아가는 동안 시작점부터 종착점까지 선택이라는 징검다리를 하나씩 놓으며 인생이라는 강을 건너는 것이다. 나는 이 책을 통해 11명의 사람들과 손을 맞잡고 서로를 응원하며 벅찬 감동을 경험했다. 하지만 이 응원의 에너지가 나에게만 머물러서는 안 된다는 생각이 들었기에, 내가 나눈 응원의 에너지를 책을 통해 많은 사람들과 나눠야겠다고 결심했다. 스스로를 응원하는 것을 넘어 서로를 응원하고 함께 손을 맞잡고 응원의 하모니를 만들어가야겠다고. 이것이 내가 이 책을 통해 나누고 싶은 응원의 핵심이다.

　이 책에 등장하는 사람들은 어려운 상황에서도 꿈을 향해 특별한 방식으로 달려가고 있는 사람들이다. 이들과 만나 인터뷰하는 동안, 나는 어느새 특별한 응원을 받고 있다는 사실을 깨달았다. 이러한 경험을 독자들과 나누게 되어 무척 의미 있게 생각한다. 그 시작은 응원의 가치를 깨달은 두 사람이 함께 하이파이브하는 것이었지만, 앞으로 수많은 사람들이 응원의 에너지를 나누는 동안 앞서거니 뒤서거니 하며 꿈을 향해 달려가기를 기대한다. 이 책을 통해 시작하는 나의 응원 또한 수많은 독자들을 통해 확장되어 큰 박수소리로 울려 퍼지길 기대한다.

내가 만난 11명의 사람들은 20대에서 50대까지 연령대가 다양하며, 벤처사업가부터 음악가에 이르기까지 다양한 영역에서 활동하고 있다. 이들은 예상치 못한 어려움을 만나서도 좌절하지 않고, 각자의 삶에서 탁월함을 보이며 꿈을 개척하고 있다. 예컨대 히즈빈스의 임정택 대표는 다른 사람들은 알아보지 못한 곳에서 길을 찾아내 성공으로 나아가는 인물이다. 그는 아무도 관심을 갖지 않던 장애인들의 일자리에 주목했고, 현재 그들과 함께하며 장애인들과 비장애인들이 행복하게 소통하는 기업을 이끌어나가고 있다. 음악가 권순동 교수의 경우에는 자신의 음색이 테너가 아니라 베이스라는 사실을 발견한 순간 인생이 바뀌었고, SBS《스타킹》〈기적의 목청킹〉 멘토를 하며 진가를 드러냈다. 이들은 멘토에게서 받은 응원의 힘을 기억하고는, 자신들 또한 인생 멘토가 되어 비슷한 어려움을 겪고 있는 사람들을 응원하는 길에 섰다.

이 책은 사실상 모든 사람들을 향해 보내는 응원의 메시지다. 세대 전체가 공감하는 내용으로 구성되어 있기에, 그들을 품고 있는 기업도 주요한 독자라 할 수 있다. 기업이야말로 사람으로 구성된 조직이며, 구성원이 건강해야만 기업 또한 건강하게 자랄 수 있기 때문이다. 그렇다면 건강한 공동체, 건강한 기업문화를 세워가려면 어떻게 해야 할까?

사람들이 기업에서 꿈을 키우는 동안 기업은 사람들에게 꿈을 심어주는 방식으로 소통하며, 사람들은 기업에 기여하는 삶을 살다가 결국 기업과 이별하게 된다. 그런데 사람들이 기업에 머무르는 동안 행복하게 지내야만 행복한 이별도 가능하다. 이런 방식으로 직원과 기업의 관계가 선순환되어야만, 기업이 사회적 책임을 제대로 감당할 수 있다. 이런 점에서 기업 또한 응원에서 예외가 될 수 없다.

사회에 첫발을 디디는 인생 1막이 자신의 꿈을 향해 달려가는 기간이었다면, 인생 2막은 사회와 소통하며 얻은 성취를 사회에 환원하는 기간으로 보아야 한다. 우리 모두는 사회적 관계를 맺은 누군가로부터 지식·정보·교육 등을 받았기에, 2막에서는 자신이 받은 것들을 자발적인 소통을 통해 나눠야 하는 것이다. 다시 말해 세대간에 구체적인 방식으로 응원하고 소통하며 일으켜주는 게 더욱 필요하다는 얘기다. 다른 사람을 향한 응원은 자신이 응원하는 누군가가 잘 되기를 바라는 마음으로 가진 것을 아낌없이 내어주는 것이기에, 인생 1막과 2막에 속한 세대가 서로를 응원하며 소통하는 것은 요즘처럼 절박한 시대에 필수적이다.

    응원은 자신이 발견한 가치를 다른 사람들과 나누면서 꿈을 향해 함께 나아가자며 서로 돕는 것을 의미하기에, 스스로 원해서 누군가를 도와주는 자원봉사의 마중물과도 같다. 그러므로 꿈을 잃어버렸거나 포기한 이 시대에 자원봉사가 응원이라는 마중물을 통해 다시 세상에 솟구침으로써, 개인의 나눔을 통해 사회 전체가 한 단계 업그레이드되는 경험을 할 때가 되었다. 좀 더 넓게 보면 응원은 꿈을 향해 성공적으로 나아가는 사람들이 자신의 경험에서 캐낸 소중한 가치로 다른 사람들의 꿈을 일깨우고 북돋운다는 점에서 인생의 마중물 역할을 한다고 볼 수 있다. 이것이야말로 우리들의 응원이 자연스럽게 사회로 파도치게 하는 방법이 아닐까?

    추천사를 통해 더 많은 사람들이 이 책의 메시지에 응답할 수 있도록 응원해 주신 한양대 교수이자 지식생태학자인 유영만 교수에게 감사드린다. 또한 삼성경제연구소 인적자원연구실장으로 일하셨고, 지금은 한국직업진로지도협회 이사장으로 일하면서 SAM Site(주) 대표이신 공선표 이사장은 추천사를 통해 응원이 결국 인생의 마중물임을 확인해 주셨기에 감사드린다. 이 책이 나오기까지 아낌없는 성원과 지지를 보내준 사랑하는 가족들, 특히 아내와 두 아들에게 고마움을 전하고 싶다. 그들은 삶의 활력과 에너지의 원천이었다. 또한 출판사 북촌의 이호준 대표에게 감사드린다. 그가 없었다면 이 책의 기획이나 출간이 어려웠을 것이다. 때론 고통스러웠지만 그와 함께했던 시간들이 소중하고 감사할 뿐이다.

이제 우리는 좀 더 구체적인 방식으로 서로를 응원해야 한다. 세대와 일과 꿈이 다른 11명의 개척자들이 《응원》이라는 책을 통해 손을 맞잡고 시대와 사람들을 응원하기 위해 나섰듯이, 이제 우리도 서로를 응원하며 그동안 잃어버렸거나 놓치고 있던 꿈을 향해 나아가야 한다. 이 책을 읽는 모두가 응원의 주인공이 되기를 기대한다.

2017년 가을이 익어갈 무렵
광화문에서 **오창섭**

차례

추천사　응원은 영원히 변치 않는 마음으로 도와주는 성원(聲援)이다! _ 유영만 … 4
　　　　개인의 꿈과 기업의 사회적 책임을 응원으로 풀어낸 책 _ 공선표 … 8
들어가면서　인생의 마중물, 응원을 길어 올리며 _ 오창섭 … 12

제1부
꿈을 발명한 리더들

: 1장 : 꿈을 지휘하는 마에스트로, 서희태 … 23
: 2장 : 인생 키워드로 안내하는 창업 멘토, 박희광 … 41
: 3장 : 장애인들과 함께 걷는 가치발명가, 임정택 … 59
: 4장 : 응원에서 답을 찾은 나눔 전파자, 신성국 … 79

제2부
실행이 답이다

: 5장 : 역발상에서 길을 찾은 스타트업 멘토, 권도균 … 101
: 6장 : 직원과 함께 자라는 아이템 인큐베이터, 구덕모 … 119
: 7장 : 필살기로 승부하는 하프타이머, 손병기 … 137

제3부
너와 나, 응원의 노래를 부르자

: 8장 : 마음을 찍는 착한 사진가, 나종민 … 155
: 9장 : 열정의 음색 가이드, 권순동 … 173
: 10장 : 노래로 세상을 움직이는 작은 거인, 양승우 … 191
: 11장 : 약자에게 손을 내민 키다리아저씨, 박현홍 … 209

글을 맺으며   또 다른 응원을 시작하며 _ 오창섭 … 222

제1부

꿈을 **발명한** 리더들

: 1장 : 꿈을 지휘하는 마에스트로, 서희태
: 2장 : 인생 키워드로 안내하는 창업 멘토, 박희광
: 3장 : 장애인들과 함께 걷는 가치발명가, 임정택
: 4장 : 응원에서 답을 찾은 나눔 전파자, 신성국

1장

서희태

꿈을 지휘하는 마에스트로

서희태

꿈꾸는 이들의 친구, 마에스트로 Maestro 서희태는 개인의 개성과 잠재력을 일깨워줌으로써 연주자와 관객이 음악으로 소통하며 최고의 감동을 함께 맛볼 수 있도록 이끌어주고 있다. 현재 밀레니엄 심포니 오케스트라 음악감독 겸 상임지휘자이다. 오스트리아 빈 시립 콘서바토리 성악 '최고 연주자과정 오페라과'를 최우수 졸업하였고, MBC 드라마 《베토벤 바이러스》의 총 예술감독을 역임했다.

주변을 둘러보면 모두가 바쁘게 움직이고 있다. 어딘가로 달려가는 사람들. 목표 지향적인 삶이 최고라며 저마다 열정적으로 스펙을 쌓아가는 우리들. 하지만 현실은 열정의 온도와는 정반대로 냉기만 가득하다. 몇 년째 겨울을 통과하고 있는 현실에서, 가슴속에 품은 꿈의 씨앗이 싹을 틔워 꽃을 피워내길 열망하는 것은 사치일까? 누군가는 이렇게 물을지도 모른다.

"꽃을 피워내는 것은 고사하고 싹이 트는 것조차 기대하기 힘든 상황인데 도대체 무엇을 어떻게 하란 말인가요?"

미친 듯이 꿈을 향해 내달렸지만 막상 그 자리에 멈춘 듯 아무것도 달라진 게 없을 때, 이젠 끝이라며 꿈을 포기하는 경우가 많다. 현실은 그만큼 냉정하기 때문이다. 하지만 이대로 포기하기엔 한 번밖에 없는 우리 인생이 너무 아깝고 억울하지 않은가? 누군가 이 지긋지긋한 실패의 굴레에서 벗어날 실마리라도 준다면 당장이라도 달려갈 텐데. 가슴속 꿈의 씨앗이 던지는 목소리에 귀 기울이며 찾아간 곳은 《베토벤 바이러스》의 예술감독 서희태 지휘자의 음악회였다.

때가 무르익기까지 참고 기다리며 준비한 끝에 자타가 공인하는 탁월한 마에스트로의 반열에 오른 사람. 그는 사람들이 각자 개성을 보여주는 것만으로는 변화하는 사회에서 그 힘을 제대로 발휘하기 어렵다는 것을 알고, 꿈꾸는 이들이 서로 어우러지며 역동적으로 화음을 내도록 놀라운 변화를 이끌어내고 있다. 구성원들의 강점을 이끌어내 아름다운 하모니로 융합하는 마에스트로 서희태의 가슴 뛰는 삶을 들여다볼 수 있다고 생각하니, 가슴속 꿈의 씨앗도 함께 공명한다. 꿈꾸는 이들의 친구이자 꿈을 지휘하는 마에스트로 서희태를 지금 만나러 간다.

《베토벤 바이러스》, 강마에의 원형을 만나다

■ ■ ■

대한민국 전역에 한때 강마에 신드롬을 불러 일으켰던《베토벤 바이러스》. 2008년 MBC에서 방영된 이 드라마에 사람들은 울고 웃었다. 별 볼 일 없던 오케스트라 단원들이 꿈을 찾아가는 과정을 지켜보던 사람들은, 단원들의 숨겨진 강점을 발견하고 자기만의 방식으로 이끌어낸 지휘자에 푹 빠져들었다. 그렇다면 사람들은 독특함을 넘어 괴팍해 보이기까지 했던 강마에라는 인물에 왜 열광했을까?

서희태 지휘자를 기다리는 동안 이 책을 준비하며 고민했던 시간이 떠올랐다. 수많은 사람들이 저마다의 사연으로 고개 숙이고 있는 이때에 가장 필요한 것이 응원이라는 것은 분명했다. 하지만 도대체 어떤 방식으로 응원해야 할지에 대해서는 막막하기만 했다. 그때 떠올랐던 사람이 바로 강마에 탄생에 기여한 서희태 지휘자였다. 아무리 힘든 상황이라도 좋아하는 노래와 함께 다시 일어설 힘을 얻는 우리가 아닌가. 누군가를 일어서게 하는 음악을 탄생시키는 지휘자야말로 내가 가장 먼저 만나야 할 사람이라는 생각이 들었다. 어쩌면 응원이라는 책을 준비하던 나에게 가장 필요했던 것이 그에게 먼저 응원 받는 것이었을지도 모르겠다.

'그가 아직 나를 기억하고 있을까?'

한국을 대표하는 지휘자의 반열에 올라 있는 그를 기다리며 조바심이 났다. 분초를 쪼개며 바쁜 연주일정을 소화하고 있던 터라 연주회장을 찾았지만, 누군가에게 부담을 주는 것은 여전히 어려운 일이다. 서희태 지휘자는 한때 같은 대학교에서 근무한 인연이 있는데, 비슷한 연배의 동료교수로서 여러 가지로 말이 통했다. 훤칠한 키에 멋진 예술가 이미지를 간직하고 있던 그는 그때보다 몇 배나 더 유명인사가 되었다. 주저함과 설레는 마음 반으로 지휘자 대기실의 문을 열어젖히자 저만치 익숙한 얼굴이 눈에 들어왔다.

"오 교수님 아니세요?"

불청객을 반갑게 맞이하는 그에게서는 막 음악회를 끝낸 지휘자의 열정과 카리스마가 넘쳐흘렀다. 하지만 잠시 근황을 나누는 것으로 만족할 수밖에 없었다. 연주회가 끝난 직후였기에 하객에 대한 인사나 사진촬영과 리셉션 등 일정이 많아 시간을 내기가 쉽지 않았기 때문이다. 더욱이 당시는 바쁜 공연 스케줄이 이어지던 연주회 시즌이었기에 조용할 때 시간을 내어서 만나기로 한 뒤, 공연이 없는 4월의 어느 날 그를 광화문 사무실로 초청했다.

탁월한 지휘자로 인정받는 그에게 가장 물어보고 싶었던 것은 수십 명으로 구성된 오케스트라가 하나의 조화로운 목소리를 내도록 하는 비결이었다. 시간이 충분하지 않았기에 대뜸 가장 물어보고 싶었던 질문부터 던졌다.

"지휘자 강마에는 하늘이 내린 음악가라 할 수 있는데요, 서 선생님의 꿈도 음악가가 되는 것이었지요?"

그런데 전혀 예상 밖의 답변이 돌아왔다.

"저는 원래 의사가 되었어야 할 사람이었습니다."

"네? 의사라고요?"

이게 무슨 말인가? 전혀 뜻밖의 답변에 호기심이 발동하면서 그를 더 알아보기로 했다.

의사 대신 꿈을 선택하다
■ ■ ■

"저는 음악을 하지 못할 뻔했어요."

"그게 무슨 말씀인가요?"

"어릴 적부터 음악을 좋아했고 실제로 바이올린을 배우기도 했어요. 그런데 장남은 의사가 되었으면 좋겠다는 부모님의 희망에 따라 이과를 선택했고, 일찍부터 수술 비디오를 보며 시간을 보내는 등 의사수업을 받았습니다."

깜짝 놀랐다. 서희태 지휘자가 의사의 길을 준비했었다니 상상이 가지 않았다. 고등학교 3학년 때까지 의사의 꿈을 키워가던 터라 그의 사전에 음악이 들어설 여지는 없었다. 그러던 어느 날 인생의 변곡점이 찾아왔다. 대입원서를 쓸 무렵이었다. 그에게 인생 최대의 갈등상황이 찾아온 것이다.

'지금 음악을 선택하지 않으면 평생 음악과 멀어진다. 어떻게 하지?'

그동안 잊고 있던 음악에 대한 아쉬움과 열정이 원서를 쓰기 직전 쓰나미처럼 밀려왔다. 결국 그는 담임선생님께 거짓말까지 하며 집안 몰래 음대에 원서를 냈다. 결과는 합격이었지만 집안 몰래 내린 그 결정 때문에 합격과 동시에 집에서 쫓겨났다.

'너는 더 이상 내 자식이 아니야!'

아버지의 실망은 너무나도 컸다. 나도 대학입시를 준비하며 전공을 선택할 때 부모님과 갈등을 빚은 적이 있다. 아버지는 법학계열을 희망했으나 나는 상경계열로 진학을 결정했기 때문이다. 서희태 지휘자처럼 집에서 쫓겨나지는 않았지만 냉각기가 한동안 계속되었다. 서희태 지휘자는 집에서 나온 그 순간부터 고달픈 고학생활의 길로 들어섰다. 그때부터 대학 4년과 유학기간 10년, 그리고 그 이후에 이르기까지 모든 경제적인 부분을 자신이 책임져야 했다.

그가 대학교에 진학해 처음 선택한 아르바이트는 공사판 일용직이었다. 음대 바로 옆에 가정대 건물을 짓고 있었는데 그 공사판에 일용직 인부로 취직한 것이다. 수업을 마치고 오후 4시부터 밤 12시까지 고된 노동을 하고 나면, 심신이 엉망진창이 되었다.

"정말 쉽지 않았겠어요. 학교에서, 그것도 공부하던 음대 바로 옆에서 공사 인부로 일한다는 것은 심리적으로도 무척 힘든 일이었을 것 같아요."

"다른 방법이 없었어요. 학비를 벌어야 했으니까요."

선배의 자취방에 얹혀살면서 외판과 바이올린 레슨 등 돈이 되는 일이라면 닥치는 대로 했다. 당시 대다수 남학생들의 오락거리였던 당구장에도 가본 적이 없다고 한다. 지금도 그는 당구를 못 친다.

사람들마다 인생에 결정적인 순간이 있듯이 그에게도 세 번의 변곡점이 있었다. 첫 번째는 음악을 하겠다고 마음을 먹은 20세 때였고, 두 번째는 유학을 떠나겠다고 결심한 25세 때였다. 1989년도에 유학을 떠나서 1997년에 귀국하기까지 9년간의 유럽 유학기간 동안 생활을 혼자서 감당하며 이겨냈는데, 이 유학기간에 평생의 멘토가 된 지휘자 주빈 메타 Zubin Mehta를 만났다. 세 번째가 《베토벤 바이러스》라는 드라마의 예술감독을 맡은 때였다. 그는 이때 일종의 승부수를 던졌는데, 드라마에 올인하려고 대학교에 사직서를 냈다. 꿈을 향해 박차고 오르는 과정에서 불가피한 선택을 한 것이다.

"제가 선생님이었다면 아주 많이 망설였을 것 같아요. 정말 힘든 선택이었을 텐데, 그때 어떤 마음으로 결정하셨나요? 지금 중요한 선택을 앞둔 사람들에게도 꼭 필요한 얘기가 될 것 같아요."

"무언가를 선택하는 건 결코 쉽지 않지요. 더욱이 소중한 것을 포기하는 선택이라면 더더욱 어렵습니다. 저 또한 마찬가지지만, 어쩔 수 없다면 과감하게 선택한 뒤 뒤돌아보지 말아야 합니다. 포기를 동반하는 이런 선택은 더 큰 결과로 보상받게 됩니다. 스스로의 선택에 책임지는 자세로 살아가기만 한다면 말이죠."

부모님의 희망은 의사가 되는 것이었지만, 그는 의사 대신 자신의 꿈을 선택했다. 안개처럼 흐릿하기는 했지만 단원들과 열정적으로 호흡하는 강마에의 길로 들어선 것이다. 그 여정에는 수많은 난관이 기다리고 있었지만 그는 기꺼이 감내했다. 이 과정에서 포기할 것은 과감히 내려놓은 뒤 스스로의 선택에 책임지기 위해 노력했고, 그렇게 한 걸음씩 나아가는 동안 점점 더 강해졌다. 그의 도전은 아직도 끝나지 않았다.

우리 인생에도 결단의 순간이 있다. 그때 어떤 마음을 가져야 할까? 스스로 인생의 주인공으로 책임감 있게 살기를 원하는지, 아니면 그저 흘러가는 대로 적당히 살기를 원하는지 그 선택은 자신에게 달려 있다. 꿈은 도전하고 쟁취할 때 자기 것이 된다. 지휘자 서희태는 도전과 실행으로 원래의 꿈을 찾고 이루었다.

실패의 고리를 끊어버리다

"일반적으로 클래식 음악을 하고 유학까지 다녀와 성공의 반열에 올라선 분들을 보면 어려움 없이 순탄한 삶을 살아왔다고 생각하는 경우가 많은 것 같아요. 선생님은 어떠세요?"

"저는 실패의 징검다리를 건너면서 이만큼 온 것 같아요."

"징검다리라면 듬성듬성 돌을 놓아 개울을 건널 수 있도록 한 거잖아요. 그렇다면 돌을 하나씩 밟을 때마다 실패의 경험을 하셨다는 말씀인가요?"

"정확하게 짚으셨어요. 다들 유럽으로 유학 다녀왔다고 하면 늘 인정받으면서 최고의 엘리트코스를 밟았다고 생각하는데, 절대 그렇지 않았어요. 유학 가서 오디션에 낙방했고 교수 임용도 여러 차례 떨어졌어요. 지휘자로 자리 잡는 데도 많은 난관이 있었어요."

양지에서 승승장구한 것 같은 이미지와는 달리 그는 많은 실패를 경험했다고 한다. 유학 가서 본 신입생 오디션에서 멋지게 낙방했다. 여러 차례 출전한 콩쿠르에서도 쓰디쓴 맛을 보았고 장학생 선발시험도 떨어졌다. 교수 임용에서도 여러 차례 실패를 거듭했고, 지휘자로 발탁되기까지 인고의 시간을 보내야 했다.

이렇게 실패를 거듭하고 있던 그에게 어느 날 기회가 찾아왔다. 오케스트라 한 곳을 지휘해 달라는 요청을 받은 것이다. 얼마나 고대하던 순간인가. 그런데 지휘를 해보기도 전에 문제가 생겼다. 단원들의 저항에 부딪힌 것이다.

"성악가가 지휘하는 오케스트라 연주는 죽어도 못하겠다면서 단원들이 지휘자를 교체해 달라고 한 거죠."

자신이 지휘도 공부했으니 할 수 있다고 설득했지만 말이 통하지 않았다. 일부 단원들은 그가 지휘하는 중간에 자리를 박차고 나가기까지 했다. 인생 최대의 위기였기에 도망치고 싶은 마음 가득했지만, 실패의 징검다리 바로 건너편에서 자신을 기다리고 있던 기회를 포착했기에 절대 물러날 수 없었다.

"그럼, 좋습니다. 리허설이나 한번 해보고 함량 미달이면 그때 과감하게 교체해 주세요."

다시 없는 기회이니 모든 것을 던져서라도 꼭 붙잡고 싶었다. 신에게 매달려서라도 말이다. 그렇게 그는 리허설에 몰입했고, 다음날이 되자 그가 지휘하는 동안 나가버렸던 단원들이 기적처럼 돌아왔다고 한다. 자신의 힘으로 지도력을 인정받은 것이다.

그런 그에게 인생의 전기를 마련할 결정적 기회가 찾아왔다.《베토벤 바이러스》라는 드라마의 예술감독을 의뢰 받은 것이다. 직감적으로 일생일대의 기회라고 느꼈지만 이 일에 전념하려면 사회적으로 인정받는 대학교수직을 버려야 했다.

'꿈을 위해 모험을 감행해야 할까? 아니면 대학교수로 남아야 할까?'

인생이 걸린 고민으로 며칠을 뜬눈으로 밤을 지새웠다. 음악을 하는 사람들은 하나같이 만류했다고 한다. 어떻게 얻은 교수직인데 그것을 포기하느냐고. 하지만 안주하는 것은 그와는 어울리지 않았다.

'지금 도전하지 않으면 더 이상 기회가 없을지도 모른다. 교수로서 명예는 있을지언정 꿈은 이룰 수 없을 것이다.'

그때의 결단이 오늘의 지휘자 서희태를 있게 했다. 일생일대의 결단을 내려야 할 상황은 누구에게나 찾아온다. 나에게는 한국중앙자원봉사센터장으로 일하는 게 바로 그런 것이었다. 대학교수로 남을 것인가, 아니면 자원봉사 현장에서 또 다른 의미를 찾고 만들어갈 것인가? 그야말로 루비콘 강을 건너는 심정이었다. 결국 '지금이 아니면 내일은 없다.'라는 생각이 뇌리를 떠나지 않았고, 후반부 인생을 위해 새로운 도전으로 마음이 쏠렸다. 루비콘 강을 건너면서 과거의 모든 것을 내려놓은 것이다. 그때의 결단이 지금의 나를 만들어 가고 있다.

그런데 "좋은 일에는 늘 어려움이 따른다."라는 말처럼《베토벤 바이러스》를 제작하는 가운데 예상치 못한 일이 일어났다. 여러 가지 이유로 개런티가 상당히 줄어든 것이다. 하지만 유명배우 김명민과 장근석이 출연한《베토벤 바이러스》가 시청자들의 시선을 사로잡는 가운데 드라마 제작사에서 예술감독 서희태를 대대적으로 홍보해 주면서 그는 전국민적인 주목을 받기 시작했다. 그때부터 전화가 빗발쳤고 약 1,000건 정도의 인터뷰를 했다고 한다. '자고 나니 스타 탄생'이라는 게 바로 이런 경우였다.

《베토벤 바이러스》의 독특한 캐릭터 강마에를 떠올리게 하는 인물로 인생의 황금기를 맞이했지만, 서희태 지휘자의 인생은 실패의 연속이었다. 자신만만하게 도전한 유학생활에서 여러 차례 실패를 경험했고 대학교수 임용에도 낙방했다. 지휘자로서의 첫걸음도 성공적으로 내딛지 못했다. 하지만 포기하지 않고 도전을 거듭한 끝에, 그는 결국 자신의 꿈을 이뤄냈다. 처음부터 좋은 조건과 자리를 차지한 것은 아니었지만, 기회를 포착할 때까지 숨죽인 채 자신의 무기를 갈고 다듬었기에 가능한 일이었다.

"노력하고 준비하다 보면 기회는 반드시 옵니다. 그때를 위해서라도 칼을 갈고 다듬는 자신만의 1만 시간이 필요하다고 봅니다."

집요한 노력으로 꾸준히 자신을 갈고 닦는 자만이 다가오는 기회를 낚아챌 수 있다. 실패와 성공은 종이 한 장 차이에 불과하기에, 노력의 땀방울이 빛을 보게 하려면 날아오르기까지 시간이 걸리더라도 포기하지 않고 날갯짓을 해야 한다.

인생의 멘토, 주빈 메타를 만나다

"자네 이름이 뭐지, 자네 어디서 왔는가?"
"한국에서 왔는데요."
"그래? 시간 있으면 나하고 커피 한잔 하지 않겠나?"

1991년 3월, 그는 평생 잊지 못할 특별한 순간을 맞이한다. 오스트리아 비엔나 국립오페라단 복도에서 인도 출신의 세계적인 지휘자 주빈 메타를 우연히 만난 것이다. 음악가라면 누구나 꿈꾸던 순간을 갑작스레 경험해서일까? 놀라움과 반가움에 큰 절을 하다시피 인사를 했는데, 그 거목이 신출내기였던 그에게 커피 한잔을 하자고 청한 것이다.

"자네가 공손하게 인사하니 나도 좋았어. 그러나 아티스트로서 자신감과 자존감이 안 보여."

"……."

순간 얼어붙은 듯 아무 말도 할 수 없었다.

"내가 자네 친구가 되어주면 어떻겠나? '주빈'이라고 편하게 불러봐."

"……."

그는 서희태 지휘자가 감당할 수 없는 이야기를 연이어 쏟아냈다.

"너는 내 친구니까 친구 대하듯이 자신감 있게 행동해 봐."

주빈 메타는 이렇게 서희태 지휘자에게 탈출구를 열어주었고, 그와 나눈 잠깐의 대화는 서희태 지휘자의 인생을 뒤바꾸었다. 그날 주빈 메타는 서희태의 친구가 되어주었다. 평생의 멘토는 이렇게 한 순간 그에게 다가왔고, 멘토의 조언 덕분에 소극적이던 그는 완전히 달라졌다. 자신감을 얻었고 자존감이 회복되었다. 지금의 지휘자 서희태의 모습은 주빈 메타의 영향이 크다. 그는 주빈 메타를 성장의 동력으로 삼았고, 그때의 자신감이 지금의 그를 만들었다.

현재 서희태 지휘자는 탁월한 음악가로 인정받고 있으며 여러 권의 책을 저술한 작가이기도 하다. 또한 충남대 초빙교수로서 기업 CEO 초청 인기강사로도 활동하고 있다. 《열린 음악회》의 공동 MC를 맡기도 했고 EBS 《통찰》에 4회나 출연한 잘 나가는 유명인이다. 그가 독학으로 음악 분야와 기업의 리더십을 접목한 새로운 영역을 개척했다는 사실을 아는 사람은 많지 않다.

또한 그는 KMA능률협회 최고경영자과정에서 15개 주제의 강의를 혼자 소화할 만큼 다방면에 걸쳐 콘텐츠를 쌓아온 전문가이기도 하다. 얼마 전에는 초중고 선생님들을 대상으로 한 웹 강의인 '인문학 음악이야기'에도 참여하였다. 본업이 무엇인지 갸우뚱하게 할 만큼 다방면에 걸쳐 활발하게 활동하는 그를 보며, 한 사람의 변화된 삶이 수많은 사람들에게 강력한 영향을 줄 수 있음을 다시금 깨닫게 된다.

인생은 도전 속에 기회가 찾아오고 그 가운데서 누군가를 만날 수 있다. 그 만남은 자신감이나 성장의 원동력이 될 수도 있고, 한 사람의 운명을 바꾸어 놓을 수도 있다. 만약 서희태 지휘자가 오스트리아 비엔나로 유학을 떠나지 않았다면, 주빈 메타를 만날 수 없었을 것이고 성장의 원동력이 된 자신감 또한 얻을 수 없었을 것이다. 누구를 만나느냐 하는 것은 그만큼 중요하다. 그래서 도전해야 한다. 무작정 내지르는 모험은 곤란하지만, 인생 전체를 설계하는 가운데 지속적인 성장을 위해 도전하는 것은 박수 치며 응원하고 싶다. 도전하는 가운데 기회가 찾아오고 그 기회를 자신의 것으로 만들기 위해 노력하는 가운데 인생을 빛나게 할 누군가를 만날 수 있다. 스스로에게 물어보자.

'나는 지금 어떤 도전을 하고 있는가? 누구를 만나 성장의 동력으로 삼고 있는가?'

나눔의 바이러스를 퍼뜨려라

■ ■ ■

"깨진 항아리도 쓸모가 있을까요?"

"네? 항아리는 뭔가를 담기 위한 것이니 그걸로 수명이 끝난 게 아닐까요?"

"처음엔 저도 그렇게 생각했어요. 하지만 거기서 흘러내린 물이 꽃들을 자라게 한다는 이야기를 듣고 생각을 바꾸었어요."

"어떤 것이라도 상황에 따라 소중하게 쓰일 수 있다는 말씀이죠?"

"맞아요, 가치는 상황에 따라 달라지는 거죠. 깨진 항아리에 대한 이야기를 들었을 때 왈칵 눈물이 쏟아졌어요. 인생의 전환점이 다시 찾아왔죠."

서희태 지휘자가 몸이 불편한 아이들이 생활하는 재활원에서 나눔 활동을 시작한 배경이다. 그는 14년째 서울시 강동구에 자리한 주몽재활원에서 자선음악회를 열고 있다. 물론 모든 비용은 본인이 부담한다. 그의 이야기를 듣다 보니 갑자기 궁금해졌다. 그가 어떻게 나눔의 현장으로 들어가 아이들의 삶을 응원하게 되었을까? 해마다 주몽재활원에서 열리는 사랑의 콘서트가 어떻게 시작되었는지 궁금해졌다.

"처음에 지인이 음악회를 여는데 도와달라고 해서 아내와 함께 가서 연주를 했어요. 그런데 연주회를 지켜보던 아이들의 얼굴이 눈에 들어왔어요. 그때부터 해마다 아이들을 찾다 보니 지금까지 하게 되었네요."

아이들을 사랑하는 마음을 몸으로 실천하다 보니 지금까지 계속하게 되었다는 것이다. 14년째 나눔 콘서트를 하고 있다니 그 열정과 꾸준함에 탄복하게 된다. 누구나 한 번쯤은 남을 도울 수 있다. 하지만 10여 년 이상 꾸준히 계속한다는 것은 완전히 다른 차원의 문제다. 이들 부부의 진정성에 감동받아 후원자들의 참여가 늘어나고 있다고 했다.

서희태 지휘자가 나눔을 시작한 계기는 일반적인 경우와는 조금 다르다. 재능기부라는 활동이 먼저였고, 이것이 확장되어 후원으로 연결된 사례다. 기부할 수 있다면 어떤 방식으로 기부하느냐가 중요하다. 음악을 통한 재능기부는 다른 사람을 행복하게 하지만 자신을 행복하게 하기도 한다. 기부를 받는 사람도 행복하지만 기부하는 사람도 행복한 그런 기부. 모두가 함께 행복한 나눔이야말로 진정한 나눔이 아닐까? 어쩌면 그는 재능기부를 통해 가치 있는 삶이 무엇인지를 꿰뚫어보았는지도 모른다.

서희태 지휘자의 나눔은 계속 확장되어 그가 지휘하는 연주회의 객석 나눔으로 이어지고 있다. 사회에서 소외받는 장애인이나 아동이 초청대상이다. 난생 처음 가보는 세종문화회관 대 공연장에서 소외받는 사람들과 그들의 부모, 그리고 자원봉사자들이 연주회를 함께 즐긴다. 그는 자신이 어려움을 뚫고 이겨내 결국 이뤄냈듯이, 어려움에 처한 사람들이 힘을 내어 세상에 필요한 사람으로 우뚝 서기를 바라는 게 아닐까?

꿈꾸는 이들의 친구 서희태 지휘자는 자신이 할 수 있는 나눔으로 사회적 약자들을 응원하고 있었다. 바야흐로 베토벤 바이러스가 나눔의 바이러스로 진화하여 세상을 더욱 아름답게 물들이고 있다.

또 다른 강마에를 꿈꾸며
■ ■ ■

"○○씨 앞으로 오세요. 수석 악장 옆자리에 앉아 음을 듣고 배우도록 하세요."

지휘자 서희태의 능력은 탁월하다. 경력이 많은 연주자 옆에 젊은 단원을 앉히거나, 뒤에 있는 단원들과 앞쪽의 단원들의 자리를 바꿔줌으로써 연주자들이 함께 성장하도록 돕는다. 그동안 자신에게는 더 이상 기회가 없을 거라며 포기하고 있었던 단원들에게는 자신감을 불어넣어 준다.

오케스트라는 개성이 중요하다. 바이올린은 바이올린의 소리를 내야 하고, 심벌즈는 심벌즈의 소리를 울려야 한다. 각기 다른 개성을 갖고 있기 때문에 자기 소리를 내는 게 중요하다는 이야기다. 이렇게 독특한 악기들과 다양한 개성을 지닌 단원들의 소리를 조율한 뒤 하나로 묶어 조화로운 소리를 낼 수 있도록 하는 것이 서희태 지휘자가 담당한 마에스트로의 역할이다.

"다양한 소리의 하모니뿐만 아니라 단원들이 또 다른 마에스트로가 되도록 성장시키는 것도 마에스트로의 역할이 아닐까요?"

마에스트로는 단원들 각자가 지닌 강점을 잘 발휘할 수 있도록 도와주는 것은 물론이고, 단원들이 현재의 능력 그 너머를 내다보고 경계 너머로 나아가도록 이끌어주는 사람이다. 이렇게 볼 때 아직은 부족한 사람을 배려해서 능력을 끌어올리고 배움의 기회와 성장을 통해 조직 전체와 하모니를 이루게 하는 것은 비단 오케스트라에 필요한 덕목만은 아니다. 모든 조직은 마에스트로를 필요로 한다. 구성원들이 자기 역할에 충실하도록 할 뿐 아니라 스스로의 개성과 잠재력을 살려 다양성 속에서 하모니를 이루게 하는 마에스트로야말로 모든 조직에 필요한 리더십이 아닐까?

자기만의 목소리를 가진 개인을 응원함으로써 자부심과 자존감을 가질 수 있도록 하고, 이런 사람들이 함께 공동의 목표를 향해 달려가도록 이끌어주는 것이야말로 마에스트로 리더십의 핵심이다. 다양한 특성을 지닌 구성원들이 소통을 통해 함께 발전하는 가운데 구성원들의 꿈을 응원하고 도와줌으로써 또 다른 마에스트로로 성장하도록 이끌어주는 것도 마에스트로의 몫이다.

단원들과 끊임없이 소통하며 한 목소리로 음악을 하는 서희태 지휘자의 연주를 만나는 동안, 그들이 서로를 응원하며 더 나은 음악을 위해 경계를 허물어가는 것을 느낀다. 같은 파트끼리 하나의 음색을 내고, 서로 다른 악기들과 눈을 맞추며 하모니를 향해 달려가는 단원들. 그들의 눈은 항상 지휘자의 손끝에 있다. 단원들의 필요를 알아보고 적극적으로 채워주는 지휘자가 있고, 그를 인정하고 마에스트로 리더십에 따라 서로를 응원하며 함께 커가는 사람들. 오케스트라의 조화로운 연주는 어느새 음악

당 전체를 가득 채우며 사람들을 감동시키고 무아지경으로 몰아넣고 있었다.

　스펙 쌓기에 올인하며 달려가지만 막상 앞이 제대로 보이지 않는 이 시대에, 우리가 맞이해야 할 키워드는 함께 응원하고 함께 커가는 것이 아닐까? 끊임없이 신뢰하고 협력하면서 멋진 하모니를 이뤄내는 그들을 보며 나 또한 함께 응원하고 싶은 사람들이 하나씩 떠올랐다. 어찌 보면 우리 모두가 오케스트라의 단원이고 서희태이며 주빈 메타가 아닌가? 가치 있는 꿈을 이룰 수 있도록 함께 응원하고 성장할 수 있는 사람들은 바로 우리 옆에 있을지도 모른다.

　불안정한 시대에 진정 힘이 되는 것은 꿈을 지휘하는 인생 멘토를 만나 함께 응원하며 나아가는 것이라는 생각을 하게 되면서, 평생 나와 어깨동무하며 삶을 나누고 있는 사람이 떠올랐다. 멘티들의 강점을 키워주고 각자가 가진 꿈을 구체적으로 꽃피울 수 있도록 도와주는 또 다른 인생 멘토. 각자의 재능을 끄집어내어 세상과 소통하게 함으로써 위기를 돌파할 수 있도록 이끌어주는 창업 멘토 박희광 센터장을 지금 만나러 간다.

2장

박희광

인생 키워드로 안내하는 창업 멘토

박희광

삼성, 포스코건설 등 대기업에서 일한 경험을 바탕으로 경일대와 한동대에서 학생들과 함께 의미 있는 창업의 길을 모색해 왔다. 절망의 나락으로 떨어졌던 경험이 그의 인생을 바꾸었고, 창업 멘토로서 더욱 겸손하게 청년들 앞에 서도록 이끌어주었다. 지금은 르호봇 대구 비즈니스 센터에서 창업을 꿈꾸는 청년들과 소통하며 다음 세대를 위한 인생 키워드 안내자로 살아가고 있다.

마에스트로 서희태를 만나 '함께 성장하는 응원의 힘'을 내면화하는 동안, 가치 있는 삶을 향해 달려가는 사람들을 도와주는 방법에 대해 끊임없이 생각해 본다. 약 1억 5,000만 킬로미터나 떨어진 태양에서 지구별로 달려온 한 줄기 빛이 새싹을 틔워 생명을 자라게 하듯이, 세상에 의미 없이 스쳐지나가는 것은 없다. 먼 길을 떠나온 빛에너지는 사라지지 않고 고스란히 남아 가치 있는 열매를 맺기 위해 최선을 다하는 것이다. 이런 점에서 빛은 스승의 가르침을 빼닮았다. 지식의 빛과 물과 양분을 기꺼이 부어줌으로써 후학들을 자신보다 더 아름답게 자라게 하고 열매 맺게 하니 말이다. 지금 만날 박희광 센터장이 바로 그런 삶을 살아가고 있는 사람이다.

앞에서 만난 서희태 지휘자는 개인의 개성과 잠재력을 이끌어내어 다양성 속에서 하모니를 이루도록 응원하고, 그가 또 다른 마에스트로가 될 수 있도록 도와주는 사람이었다. 그런데 이번에 만날 박희광 센터장은 개인이 가진 재능과 꿈을 체계적으로 분석하여 세상 속에서 우뚝 설 수 있도록 도와주는 맞춤형 창업 멘토다. 그는 교육전문가로 자리 잡는 과정에서 이랜드와 삼성, 포스코건설 등 여러 대기업을 거쳤으며, 대학교수로 일할 때는 기존에 없던 학과를 개설하여 많은 학생들을 취업시켰고 창업지도사로도 활동했다. 최근에는 르호봇 대구 비즈니스센터의 센터장으로서 창업을 꿈꾸는 사람들과 더불어 꿈과 희망을 향해 달려가고 있다.

창업을 꿈꾸는 이들이 모인 곳이기 때문일까? 르호봇 대구 비즈니스센터로 들어서는 순간 그들이 뿜어내는 에너지로 가슴이 두근거린다. 단 한 번 왔다가 가는 인생길에서 자기 안의 가치를 발견하고 그것에 모든 것을 쏟아붓기로 마음먹은 사람들이 박희광 센터장과 함께 꿈을 키워가는 곳이다. 박희광 센터장을 기다리는 동안 센터 이곳저곳을 둘러보며 멘티 입장에서 꼭 묻고 싶었던 이야기들이 있었기에, 심호흡을 하며 다시금 정리해 본다. 그와 만나 나누는 이 시간이 인생 최고의 순간이 될지도 모른다는 기대감을 가지고.

교육전문가, 절망을 배우다

"인생이 그렇게 끝나는 줄 알았습니다. 모든 걸 다 잃었거든요."

살면서 가장 어려웠던 순간이 언제였냐고 물었을 때 한참 동안 허공을 쳐다보던 그가 한숨을 쉬며 내뱉은 말이다. 국내 굴지의 대기업을 경험하고 공학교수로 잘나가던 그였기에 이런 반응은 전혀 예상 밖이었다. 이 때문에 그가 말을 이어주기만을 기다렸다.

"특화된 분야의 공학교수로 밝은 미래가 보이던 사람이 순식간에 실직자가 되어버린 거죠. 스스로 최고라 자부했기에 패배감이 더욱 컸던 것 같습니다."

다양한 사회생활을 경험한 데다 아이디어가 넘치고 학생들의 필요까지 맞춤형으로 채워주며 인정받던 그였기에 자신이 실직하리라고는 전혀 생각하지 않았다고 한다. 하지만 현실은 냉정했고 바로 다음 달 생활비부터 걱정해야 하는 처지로 내몰렸다. 늘 열정적으로 살아온 인생이었기에 자신에게 닥친 현실이 무척 억울했을지도 모르지만, 가족의 생계를 책임져야 하는 그로서는 억울함보다 가혹한 현실과 맞서기 바빴다고 한다.

"여보, 다음에 이것보다 더 좋은 걸로 사줄게. 정말 미안해."

이제 곧 다른 사람의 소유가 될 컴퓨터를 들고 있던 그의 손은 비참함 때문인지 마냥 떨리고 있었다. 담담하게 지켜보던 아내는 끝내 아무 말도 하지 않았다. 어느덧 실직 3개월째. 사진기와 컴퓨터까지 모두 처분하는 동안 자신의 마음도 떠나가는 애장품들과 함께 산산조각 나는 느낌이었다고 한다. 컴퓨터를 직거래로 팔기 위해 도착한 울산의 해변. 어디서부터 시작해야 할지 몰라 암담한 가운데 그는 미래의 자신에게 편지를 써서 울산 간절곶 소망우체통에 넣었다.

'늘 처음처럼 변치 않는 삶을 살자. 늘 처음처럼.'

박희광 센터장과 나는 30년 이상 교류해온 선후배 사이다. 그가 실직했다는 소식을 들었을 때 내가 실직한 것처럼 깊은 절망 속으로 빠져 들었던 기억이 난다. 몇 년에 걸친 위기상황이 어느 정도 마무리된 뒤에야 조금은 편한 마음으로 그와 마주했다. 그때 나는 아무 말 없이 먼저 그를 안아 주었다. 한참을 그렇게 안아준 뒤에야 겨우 말문이 트였다.

"참 힘든 시기를 거쳐 왔네요. 실직하게 되면 세상에 홀로 남겨진 기분일 것 같아요."

"맞아요. 처절한 외로움을 느꼈죠."

실직이 주는 차가운 현실은 처절한 외로움이다. 특히 교수 신분을 잃었을 때 느끼는 상실감은 이루 말할 수 없다. 사회적으로 인정받는 위치에서 떨어지는 만큼 받아들여야 하는 충격 또한 크기 때문이다. 내부의 충격은 그래도 견딜 만했지만, 바깥에서 바라보는 사람들의 시선은 무엇보다 더 견디기 힘들었다. 이런 고통을 감내하면서도 그는 생활비를 벌기 위해 막노동까지 했다고 한다. 아내와 두 딸을 위해 모든 것을 내려놓고 나선 길. 어찌됐든 가족을 위해 버텨야 한다고 생각했기에 주저하지 않고 막노동판에 뛰어든 것이다.

가장 아픈 순간을 돌아보았기 때문일까? 그의 얼굴에 잠시 슬픔이 내려앉았다가 이내 어디론가 날아갔다. 실직하기 전에 그는 몸담고 있던 분야에서 제법 잘나가는 사람이었고, 성공의 정점에 있었다. 사회적으로 능력을 인정받고 있었으며 가정에는 웃음이 가득했다. 거칠 것이 없었다. 아마 이런 상황이 닥쳤다면 누구라도 자포자기할 수밖에 없었으리라. 하지만 그는 가장 깊은 절망의 밑바닥에서 다시 조금씩 걸어올라왔다.

"나락으로 떨어진 뒤 가치관이 완전히 바뀌었어요. 처음에는 힘들었지만 스스로를 돌아보게 된 좋은 계기가 되었어요."

아무것도 할 수 없을 것만 같은 상황에서, 그는 자신이 어떤 사람인지 성찰하게 되었다고 한다. 욕심이나 교만함까지 모두 내려놓고 다시 태어난 것이다.

"바닥까지 떨어지고 보니 더 내려갈 곳이 없다는 게 위로가 되었어요. 이제부터는 올라갈 일만 남았다며 스스로를 응원했죠."

사람들은 보통 실패 속에서 절망과 좌절의 그림자를 발견한다. 하지만 위기의 순간에 소중한 가치를 배우게 된 자신을 응원하고 격려할 수 있다면 아직은 기회가 있다. 실패는 상황종료가 아니라는 얘기다. 절망 속에서도 배울 수 있고 배움이 있다면 기회 또한 남아있기에, 최악의 상황을 이겨낼 용기와 실천이 있다면 인생은 그 순간 더욱 빛난다. 박희광 센터장은 교육전문가였으나 절망을 배우면서 더욱 강인해졌고 역경을 통해 더욱 단련되었다. 인생의 굴곡을 통해 자신을 응원하고 다른 사람과 함께 일어서는 용기를 배워나갔다.

네가 밥 먹고 살겠나?
■ ■ ■

"오늘은 또 어떻게 끼니를 때워야 하지?"

박희광 센터장은 힘든 가정에서 자라났다. 초등학교 3학년 때 아버지가 쓰러진 후로 집안은 내리막길로 들어섰다. 다음 끼니 걱정 없이 지내는 게 소원이었다. 가난 때문에 쳐다볼 엄두도 내지 못했던 게 수두룩했다고 한다. 어머니는 야쿠르트 배달과 화장품 외판원, 포장마차 등 돈을 벌기 위해 직업현장으로 나섰다. 이런 가정환경 때문일까? 그는 고등학교 졸업 후 공장에 취직해서 가정에 도움을 주는 것이 최선이라 생각했다. 그러던 어느 날 고등학교 2학년을 마치고 새해를 바라보기 직전에 어머니가 그를 불렀다. 매달 1만 5,000원 씩 2년 동안 불입한 적금통장이 눈앞에 있었다.

"희광아, 너도 대학에 가야지. 대학에 가서 집안을 일으켜야지."

그동안 공부와는 담을 쌓았던 터라 7·8등급에 그쳤지만, 어머니의 적금통장을 보는 순간 정신이 번쩍 들었다. 그때부터 마음을 다잡고 공부를 시작했지만 그가 지금처럼 탁월한 창업 멘토가 되리라고는 아무도 생각하지 못했던 것 같다. 심지어 고등학교 3학년 담임선생님은 2학년 때의 형편없는 성적을 보고는 "네가 밥 먹고 살겠나?"라고 하며 걱정 섞인 핀잔을 주기까지 했다. 하지만 그는 몇 년 전 모교에 특강하러 가서 "지금 밥 먹고 살고 있습니다."라고 하면서 선생님과 함께 추억을 나눴다고 한다.

어머니의 적금통장을 받아들었을 당시 대학입시가 채 1년도 남지 않았지만, 그는 자신을 믿고 뒷바라지하는 어머니의 무한한 신뢰에 보답해야 한다는 마음뿐이었다. 간절하면 이루어진다고 했던가. 그는 국립대학교 토목공학과에 입학했다. 놀라운 사실은 대학 합격증을 받고 난 이후였다. 대학 합격증 뒤에 한 장이 더 있었다. 당시 돈으로 24만 원짜리 장학증서가 붙어 있었던 것이다.

'아, 공부를 하면 나도 엄마를 도와줄 수 있겠구나.'

그와 함께 학창시절로 추억여행을 하는 동안 창업 멘토로서 그가 지닌 힘이 어디서 왔는지 생각해 본다. 그에게는 아들의 가능성을 알아보고 믿어준 어머니가 있었고, 박 센터장 또한 스스로의 가능성과 잠재력을 믿고 최선을 다했다. 가난이라는 현실적인 고통이 있었고 대학교에 입학한 이후에도 쉽사리 떨쳐낼 수 없었지만, 더 떨어질 곳이 없었기에 바닥을 치고 솟아오를 수 있었다. 그리고 어머니를 비롯한 멘토들의 지지와 응원이 결정적으로 그를 붙들어주었고 위기는 오히려 보약이 되었다.

자신의 키워드를 발견하라

"과장님, 10년 전으로 돌아간다면 이 회사에 다니시겠습니까?"

삼성 입사 3개월째였던 박희광 센터장은 입사 10년 선배인 담당 과장에게 조금은 당돌하게 보이는 질문을 했다. 그때 이런 대답이 돌아왔다.

"지금 내 모습이 10년 후 자네 모습일세. 내 모습이 보기 좋으면 이 회사에 계속해서 몸담아도 좋아."

과장의 답에서 깨달은 바가 있었던 걸까? 그는 입사 1년 만에 삼성을 그만두고 포스코건설에 입사했다. 당시 포스코건설에서 신입사원들은 9

개월간 교육을 받았는데, 그가 맡은 일은 신입사원 지도업무였다. 이 업무를 하면서 그는 자신이 사람들과 교류하며 그들의 필요를 채워주는 것을 좋아한다는 것을 알게 되었다. 사람을 키우는 것에서 인생과 성공의 의미를 찾은 것이다.

그러던 차에 포스코건설로 한동대학교 교수 한 분이 특강하러 왔는데, 그는 대우엔지니어링에 다니다가 40세에 유학하여 45세에 교수가 된 분이었다. 그 교수를 통해 직장생활 경험으로도 교수가 될 수 있다는 것을 알고 대학원에 진학하게 되었다.

'나도 학생들과 함께하는 교수가 될 것이다.'

그 뒤 박 센터장은 박사학위를 받았고 결국 대학으로 자리를 옮기게 되었다. 신입사원 시절 막연히 품었던 대학교수의 꿈이 드디어 이루어진 것이다.

박희광 센터장의 이야기를 들으면서 내가 대학교에 자리를 잡을 때가 생각이 났다. 1990년대 초 금융기관에 근무할 때였다. 조사부 발령 첫날 당시 과장님이 나를 부르고는 "오주임, 자네 박사과정에 진학할 생각이 없나?"하고 물으신 것이다. 깜짝 놀랐다. 아직 업무파악도 채 하기 전에 박사과정에 진학하라니 이게 무슨 말인가? 당시 조사부는 지역경제 조사와 기업 신용분석 업무를 다루는 부서였다. 그러다 보니 박사학위 소지자나 박사과정에 재학 중인 고학력자가 많았다. 심지어 대학교에 출강하는 선배도 있었다. 대학원 과정이 연구조사 업무에 도움이 된다고 판단했기 때문에 진학을 권유하신 것이다. 몇 개월간의 준비 끝에 박사과정에 진학했고 2년 후에는 학교로 자리를 옮기게 되었다.

박희광 센터장이 인생의 키워드를 찾아간 방식은 직장에서의 담당업무 경험과 역할모델을 통한 배움이었다. 포스코건설 시절의 신입사원 지도경험과 대학원 진학, 그리고 지도교수의 역할모델, 학교로의 전직, 그리고 실직 후 창업 멘토로 새 출발하게 된 것을 보면, 그는 배움과 가르침이라는 동전의 양면과도 같은 인생 키워드를 가슴에 품은 채 직진해 왔던 것 같다.

박희광 센터장은 사람들의 재능을 구체적으로 끄집어내고 그들의 언어로 알기 쉽게 보여준다. 예를 들어 교수 재직 시절에는 독서·봉사·리더십·자격증 등 학생 개개인의 키워드에 맞는 맞춤식 처방을 통해 다수의 학생들을 포스코와 현대제철 등의 대기업에 취직시켰다. 학생들의 키워드를 찾아주고 학생 스스로 포트폴리오를 만들면서 성장하도록 도왔기 때문에 가능했던 것이다. 이런 강점들이 경일대학교 창업지원단과 한동대학교 산학협동교수를 거쳐 르호봇 대구 비즈니스센터에 이르러 '창업'이라는 키워드로 화려한 꽃을 피우게 되었다.

'키워드를 끄집어내라. 습관을 변화시키고 자존감을 회복시켜 주면 자신의 능력을 나타낼 수 있다.'

이것이 현재 창업 멘토로 활약하는 박희광 센터장의 지론이다. 멘티가 자신의 강점을 발견하여 현실에 적용할 수 있도록 도와줄 수 있는 것은, 박 센터장 자신이 늘 스스로를 가르치고 응원하며 살아왔기 때문에 가능한 것이리라.

박희광 센터장이 가르치고 응원하는 삶을 살아가는 동안 '창업'이라는 키워드를 찾았다면, 나에게는 어떤 키워드가 있을까 생각해 보았다. '자원봉사'는 이미 내 삶의 영역에 깊숙이 들어와 있다. 인생 후반기의 사람들에게 의미를 찾아주는 '의미경영'과 '응원'도 자원봉사와 잇닿아 있기에, 인생 후반기에는 이 세 가지 키워드가 나를 키우고 가르치며 응원하게 될 것이다.

인생의 키워드와 자신의 강점이 만날 때 한 사람의 영향력은 극대화되며 엄청난 성과로 드러날 수 있다. 교육을 통해 사람을 변화시키고 멘토로서 멘티의 성장을 이끌어주는 삶은 박희광 센터장이 평생 꿈꾸던 것이었다. 우리는 지금 인생의 키워드를 길어 올리기 위해 마중물을 준비했는가? 마중물을 준비했다면 얼마나 열심히 펌프질을 하고 있는가?

나는 스스로에게 무엇을 가르치고 있는가

"응종아, 나 완전 끝났어. 이제 어떻게 다시 일어나야 할지 모르겠어."

학교를 퇴직한 순간 교수 신분으로 만났던 사람들이 관계망에서 사라졌다. 실직이 무려 8개월이나 지속되면서 끼니를 걱정할 정도로 바닥까지 떨어졌다. 아무것도 남아있지 않았다. 박희광 센터장은 이런 절박한 순간에 평생의 멘토가 되어준 사람들을 만나게 되었다. 그들은 대학교수 박희광이 아니라 인간 박희광, 친구 박희광으로 만나주었다. 그중 한 명인 고교 동기 신응종 목사는 그의 삶을 일으켜주는 멘토가 되어주었다. 오랜 기간 만남을 이어가면서 박 센터장이 다시 일어설 수 있도록 응원했고 자존감을 회복시켜주었다. 또한 박 센터장이 대학 재직 시절 운영한 교육프로그램을 지지해 주었는데, 그는 이 경험을 바탕으로 휴학생을 위한 진로교육 프로그램인 ING스쿨을 시작하게 되었다.

"그때 신응종 목사가 아니었으면 저는 정말 힘들었을 거예요. 옆에서 같이 밥 먹어주고 이야기 들어주고 뭔가 할 거리를 마련해 준 것이 큰 힘이 되었습니다."

그가 실직한 상태에서 시작한 ING스쿨은 휴학생들이 자신의 키워드를 발견하여 꿈을 찾아가는 프로그램이다. 지방대학의 열악한 현실을 고려한 교육프로그램인데, 그와 신응종 목사가 휴학생이 100만 명이라는 뉴스를 보게 되면서 시작한 것이다. 많은 학생들이 휴학상태에서 취업준비를 하고 있는 상황에서, 이들에게 무엇을 해줄 수 있을까 고민하다가 시작한 게 ING스쿨이었다. 돈이 되는 일은 아니었지만 꼭 필요한 일이었기에 시작했는데, 생각보다 반응이 뜨거웠다. 1기에 12주 과정으로 운영되는데, 선발을 거쳐 들어온 10명 내외의 소수 정예를 원칙으로 한다. 벌써 4기까지 이어지면서 40여 명이 수료했는데, 그들 가운데 취업을 하거나 자기 길을 찾아간 졸업생들이 상당수다. ING스쿨 수료식 때 자신의 꿈을 발표하는 시간이 있는데, 학생들이 부모님을 초대하여 그동안 키워온 꿈을 나누는 순간 장내는 감동의 도가니가 된다.

ING스쿨은 휴학생에게도 도움을 주었지만 박희광 센터장에게도 큰 도움이 되었다. 무너진 자존감을 회복시켜 주었으며, 자신의 강점을 발휘하는 동안 끊임없이 스스로를 가르치면서 학생들과 함께 배워나갔다. ING스쿨의 새로운 기수를 받을 때마다, 어쩌면 자신도 신입생으로 다시 입학하고 과정을 거치며 졸업하는 경험을 계속했을지도 모르겠다. 이렇게 볼 때 스스로를 가르치고 배우며 그 경험을 나누는 박희광 센터장의 인생학교는 지금도 그렇지만 앞으로도 여전히 ING다.

다른 사람을 가르치는 것으로 시작했던 인생의 길이 돌고 돌아 자신을 가르치는 것으로 돌아왔다는 이야기를 하면서 박희광 센터장은 특유의 환한 미소를 지었다.

"언제든 배울 준비가 되어 있어야 다른 사람들을 가르칠 수 있다는 걸 배웠습니다. 그래서 배움이 있는 곳이라면 어디든 찾아가지요."

그는 기회만 있으면 가치 있는 것을 끊임없이 배워야 한다는 사실을 다시금 강조했다. 실직하기 전에는 자신이 다른 사람을 가르치기에 충분한 자질을 갖추고 있다고 확신했고 자타가 공인하는 콘텐츠 전문가라고 생각했는데, 막상 안정적인 일터를 벗어나고 보니 그게 아니었음을 절감한 것이다. 외적인 충격에 속절없이 무너지는 자신을 경험했고 바닥에서 조금씩 일어나는 동안 비슷한 경험을 하거나 하게 될 사람들을 도와주며 함께하고 싶다는 마음을 갖게 되었다. 자기 자신을 다시 가르치겠다는 결심을 하게 된 것도 그 시점이라고 한다. 외부와 내부의 변화에 무너질 수밖에 없는 나약한 존재이기에, 자신부터 평생 스스로를 가르치고 경험을 나누며 살아야겠다고 결심한 것이다.

조금은 담담하게 이야기를 이어가는 그를 보면서 문득 이런 생각이 들었다.

'교육의 정점에 섰던 사람이 가장 낮은 자리로 돌아가 교육에 대해 다시 배울 필요가 있을까? 자기를 가르쳐야 한다는 것은 어떤 의미일까?'

고통 가운데서 배우는 인생의 지혜는 평소에는 맛볼 수 없는 엄청난 깊이의 우물물과 같다. 깊은 우물을 찾아내고 사람들에게 딱 맞는 도구를 알려주어 그들과 함께 한 삽씩 파내려 가는 사람은 태양이 이글거리는 폭염에도 우물에서 시원한 냉수를 길어 올릴 수 있을 것이다. 절체절명의 위기는 박희광 센터장을 새로운 배움의 현장으로 이끌었고, 그는 스스로를 가르치는 실천과 멘토들의 응원으로 새롭게 회복했다. 한때 교육의 정점에서 위만 바라보며 올라가다가, 이제 그는 다른 사람들과 손잡고 함께 달려가는 법을 배우고 있다.

"그렇다면 바닥으로 떨어졌을 때 어떤 방식으로 자기를 가르쳤습니까?"

"말하자면 저 자신을 채우는 작업부터 다시 시작했습니다."

"자신을 채운다고요?"

박희광 센터장은 전혀 예상치 못했던 추락을 경험했고 절망의 터널을 통과하는 동안 자신을 채워 넣는 작업부터 시작했다. 바닥에 떨어졌을 때 자신에게 무엇이 부족했는지, 자신이 가진 것으로 무엇을 할 수 있는지, 무엇을 채워 넣고 어떻게 활용할 것인지 하나부터 열까지 다시 점검하기 시작했다. 그리고 공동체의 응원과 내면의 소명의식은 그가 자신의 전문성을 새로 세워나가기까지 든든한 버팀목이 되어 주었다. 그렇게 몇 년을 버티며 스스로를 가르치는 가운데 어느 순간 기적처럼 길이 열렸고 새로운 삶의 길이 시작되었다.

그는 새벽 5시면 일어난다. 창업 관련 책을 읽고 신문기사를 탐독하며 스스로를 가르치기 위해 내면의 조용한 시간을 가진다. 감당하기 어려운 일을 당한 뒤 그것을 이겨내기 위해 스스로를 가르치는 동안, 청년들의 꿈과 비전을 일깨우는 창업 멘토로 세상에 다시 명함을 내민 것이다. 지금도 배움이 있는 곳을 찾아다니며 스스로를 가르치고 인생 키워드 안내자로서 살아가고 있는 박희광 센터장처럼, 우리도 끊임없이 스스로를 가르치면 어떨까? 다른 사람을 일방적으로 가르치려 하기보다는, 꿈을 가진 사람들이 함께 모여 '자신이 바라보는 나'와 '타인이 바라보는 나'에 대해 배움과 가르침을 공유하는 그런 방식 말이다.

뭔가 가치 있는 것을 배우고 싶은가? 절박한 위기를 극복할 마중물을 찾고 있는가? 그렇다면 지금 스스로에게 물어보자.

'지금까지 누구를 만나 무엇을 가르치며 배웠는가? 지금 나는 스스로에게 무엇을 가르치고 있는가?'

꿈으로 소통하는 열정의 멘토

"내가 지금 무엇을 해야 할지, 앞으로 어떻게 살아야 할지 모르겠어요."

앞이 보이지 않던 막막한 순간에 박희광 센터장이 했던 말이다. 하지만 지금은 180도 바뀌었다. 현재 그는 젊은이들에게 꿈꾸는 법과 꿈을 준비하는 법, 꿈을 향해 달려가는 법을 가르치는 꿈 멘토로서 열정적으로 살아가고 있다. 그는 절박한 위기의 순간에서 멘토들의 도움을 받아 자신을 가르쳐 일으켰고, 지금은 멘토들과 나눈 경험을 다른 사람들과 나누고 있다. '창업 멘토로 가르치고 싶다. 꿈을 나누는 행복한 멘토로 남고 싶다.'라고 결심하고 르호봇 대구 비즈니스센터 센터장으로 새로운 삶을 시작한 것이다.

"말씀을 들으니 저 또한 꿈을 나누는 행복한 멘토가 되고 싶어지는데요?"

"저 자신을 늘 돌아보게 하는 말이기도 합니다. 자칫 일방적으로 가르치려 할 수도 있는 스스로를 경계하는 말이기도 하고요."

"듣고 보니 꿈을 나눈다는 말이 강하게 와 닿습니다. 나눌 때 행복하다는 것도 그렇고요. 결국 가르치고 이끄는 사람이 따로 있는 게 아니라, 함께 서로의 꿈을 응원하고 강점을 찾아주며 나누는 동안 행복은 자연스레 찾아온다는 말씀이네요."

"2016년 르호봇 대구 비즈니스센터를 열면서 세웠던 비전과 연결되는 말씀을 해주셨어요. '자신만을 위한 사업이 아니라 세상을 바꾸고 다른 사람을 행복하게 하는 기업가 정신을 가진 사람을 양성하자.'라는 겁니다. 지금은 청년 기업가를 양성하는 일에 주력하고 싶어요."

박희광 센터장은 삼포·칠포세대로 표현되곤 하는 이 시대 청년들이 현실적인 고민을 풀어내는 도구가 없다는 점에 주목했다. "창직創職의 시대로 나아가고 있다."라는 그의 말은, 자기만의 창작물을 만들어내는 것으로 승부하는 시대가 되었다는 최근의 트렌드와 일치한다. 그가 르호봇 대구 비즈니스센터의 센터장으로 청년들의 꿈과 마주하게 된 것은 바로 이 때문이다. 그로서는 꿈을 가진 청년들이 성장하는 것을 지켜보는 것만큼 더 행복한 것은 없다. 자기가 가르친 25세 청년 디자이너가 청년 창업 지원 사업에 선정되어 가게를 오픈하게 되었을 때, 그는 이런 응원의 메시지를 남겼다.

"용기 있는 도전이 꼭 성공하기를 기대합니다. 25세 디자이너 창업가 조영하 대표님, 파이팅!"

이 청년은 ING스쿨을 통해 알게 된 학생으로, 박희광 센터장은 창업을 진행하는 과정에서 그에게 도움을 주었다고 한다. 이렇게 한 번 맺은 인연을 소중히 하고 끝까지 함께하는 것이야말로 창업 멘토링 정신이다.

박희광 센터장은 사람의 일생을 세 가지 직업에 비유하고 있다.

첫 단계는 건축설계사이다. 30세 전까지 준비하는 것으로서, 그림·기술·준비·설계시간·다시그리기 등이 주요과업이다.

그 다음 단계는 비행기 조종사이다. 가정과 직장을 이루게 되면 비행기 조종사처럼 목표를 가지고 나아가는 것이다. 가장과 책임자로서의 삶을 살아가는 것이다.

마지막 단계는 여행가이드이다. 여행지를 처음 방문한 사람에게 자신의 경험을 알려주고 많은 사람들에게 명소들을 보여주는 역할을 한다.

사람이 태어나 왕성하게 활동하다가 죽을 때까지 건축설계사에서 비행기 조종사로, 그리고 여행가이드로 살아가야 한다는 것이다. 그렇다면 50플러스 세대로서 하프타임을 넘어선 나와 박 센터장에게 남은 인생이란 어찌 보면 여행가이드나 다음 세대를 위한 인생 키워드 안내자로서의 삶이 아닐까? 지금까지 배운 지식과 경험을 활용하여 다음 세대에게 길을 안내해 주고 응원해 주는 멘토로서의 삶이 머릿속에 그려졌다.

커피를 두 잔째 리필하며 한참을 이야기하는 동안 두 시간이 훌쩍 지나고 있었다. 벌써부터 식어버린 커피였지만 금세 로스팅해 내린 것처럼 향기가 여전한 것은, 그와 만나 얘기하는 동안 서로 많은 것을 배우며 가르쳤던 여운 때문일까? 마지막으로 꼭 덧붙이고 싶은 말이 없냐고 물었을 때, 그는 짧은 한 마디 말로 자신의 셀프 리더십을 정리해 주었다.

"결국 삶으로 가르치는 것만이 남습니다."

창업 멘토 박희광 센터장이 제안하는 셀프 리더십은 삶과 삶이 만나 함께 꿈을 응원하고 키워가기에 배움과 가르침이 공존한다. 서로 배우고 가르치는 가운데 서로의 삶을 실질적으로 응원하게 되고, 이런 응원은 허공으로 흩어지지 않고 누군가를 응원하기 위해 달려갈 것이다.

박희광 센터장이 사람들의 꿈과 어깨동무하며 함께 달려가는 경우라면, 사람들이 가지 않은 길 가운데서 가치를 발견하여 블루오션을 개척하는 경우는 없을까? 문득 사람들이 관심을 갖지 않고 남들이 보지 못하는 그런 길에 주목하여 성공한 인물이 떠오른다. (주)향기 내는 사람들, 히즈빈스 커피의 임정택 대표를 만나러 가자. 커피가 맺어준 만남일지도 모른다는 생각 때문인지, 그를 만나러 가는 길에는 벌써부터 커피향이 가득하다.

3장

임정택

장애인들과 함께 걷는 가치발명가

임정택

사람들이 외면하는 곳에서 평생의 길을 찾아냈다. 사회적 약자라 할 수 있는 장애인들의 일자리에 주목했고, 장애인과 비장애인이 행복하게 소통하는 히즈빈스를 설립해 키워가고 있다. 이렇게 가치발명가로 살아가는 동안, 2012년에 포스코 청년 인재상을 수상했고 2014년에는 한국 아쇼카펠로우 최종 후보로 올랐으며 2016년에는 청년일가상과 대한민국 세종대왕 나눔봉사 대상을 수상했다. 현재 KAIST 사회적기업가 MBA에 재학 중이다.

스티브 잡스나 빌 게이츠처럼 특별한 길을 새로 낸 사람들을 보면 괜히 가슴이 두근거린다. 한 사람의 탁월한 역량과 선택이 문화를 혁신시키고 수많은 사람들의 인생을 바꿀 수도 있다는 게 그저 놀랍기만 했다. 그들의 삶을 들여다보면, 그들이 이끌어낸 창의적인 발명은 그리 먼 곳에 있지 않았다. 이렇게 볼 때 우리 삶을 변화시키는 것은 결국 우리 주변의 가치에 집중하는 것이라는 사실을 다시금 깨닫게 된다.

분야와 규모가 다르다 해도 꿈을 찾아주는 기업 '(주)향기내는 사람들'의 임정택 대표는 창의적인 마인드로 대부분의 사람들이 관심을 갖지 않던 곳에서 특별한 가치를 찾아낸 사람이다. 그는 장애인들과 함께하면서 장애인 바리스타를 교육하고 고용하여 히즈빈스 커피 12호점을 오픈하였다. 지금은 사업을 계속 확장하여 수도권까지 진출했다. 그 전까지는 아무도 돌아보지 않았던 곳에서 상생의 길을 발견한 것이다.

단순히 성공을 추구하기보다는 사회적 약자와 함께 행복하길 바라며 시작한 사업이었기에 그 의미는 더욱 컸다. 우리나라 정신장애인 3개월 직업유지율이 18퍼센트에 불과한 현실에서, 히즈빈스는 95퍼센트대의 높은 직업유지율을 기록하고 있다. OECD 평균 정신장애인 직업유지율이 50퍼센트에 불과하기에, 히즈빈스의 사례는 미국 학술지에 발표되기도 했다. 히즈빈스에서 일하는 장애인 바리스타의 만족도가 그만큼 높다는 이야기다. 장애인을 고용하여 일자리를 제공하고 수익까지 창출하는 히즈빈스 커피의 성공 요인은 무엇일까? 장애인들과 함께 블루오션을 개척해낸 청년 기업가 임정택 대표라면 삼포·칠포세대라 불리는 이 땅의 청년들에게 뭔가 들려주고 싶은 말이 있지 않을까?

사람들이 외면하는 곳에 길이 있다

■ ■ ■

"세상을 변화시키고 싶어요. 가난한 지역에 들어가서 어려운 사람들을 살리는 일을 하겠습니다."

대학교 3학년생이었던 임정택 대표는 또래 중국인 친구가 자신의 꿈을 당당하게 이야기하는 것을 듣고 충격을 받았다. 홍콩에서 열린 아시아 대학생 창업교류전 때였다. 세상을 바꾸고자 하는 그 중국 학생의 포부와 마주했을 때, 그는 자신이 너무나 초라하게 느껴졌고 그때부터 인생이 바뀌었다. 자신의 미래를 위해 좀 더 나은 직장을 준비하던 인생이 다른 사람을 위해 좀 더 나은 꿈을 설계하는 인생으로 바뀐 것이다. 그때 자신에게 다가온 게 "지극히 작은 자 하나에게 한 것이 나에게 한 것이다."라는 성경구절이었다. 25세가 되던 해의 5월, 임정택 대표가 평생의 비전과 키워드를 정하게 된 순간이었다.

"가장 어렵고 힘든 사람들과 함께 멋지게 일하는 회사를 만들어보자는 게 실현 가능한 꿈처럼 다가왔어요. 제가 어떻게 그런 생각을 했는지 지금 생각해도 놀랍기만 합니다."

특별한 손님을 맞이하느라 직접 준비한 커피를 내려놓으며 임정택 대표는 활짝 웃었다.

"사실 우리 사회에 사회적 배려 대상자들을 향해 도움을 주는 손길도 많지 않잖아요. 그런데 장애인들과 함께 일한다는 건 더더욱 힘든 일인데 어떻게 그런 결심을 하셨는지 놀랍기만 합니다."

"다들 고개를 절레절레 흔들며 말렸죠. 정신장애인 바리스타라니 도대체 무슨 소리냐고 하면서 말이죠."

그는 잠시 고개를 들고 그때를 떠올리며 크게 심호흡을 했다.

"하지만 한 번 결심하고 나니 그 꿈이 시간이 지날수록 선명하게 다가오더라고요. 그래서 저는 제 꿈이 이루어질 거라고 생각했고 지금까지 그렇게 되고 있어요."

사실 꿈을 꾸는 것은 누구나 할 수 있다. 임정택 대표처럼 '나를 위한 것이 아니라 소외된 한 사람이 성공하고 세상을 변화시키는 것을 목표로 하는 기업'을 만드는 꿈도 누구나 생각해볼 수는 있다. 하지만 그것을 실행에 옮기는 것은 아무나 할 수 없는 일이다. 그렇기 때문에 꿈을 실천하여 이뤄낸 사람들의 경험과 노하우가 중요하고, 그런 사람들과의 소통이 중요하다. 가치 있는 꿈을 꾸는 사람들이 사회의 견고한 벽을 넘어 도전에 성공하기까지는 만만치 않은 함정들이 곳곳에 도사리고 있기 때문이다.

"취업과 창업은 완전히 다른 문제잖아요. 그것도 사회경험도 기업경험도 일천한 20대 중반의 젊은이가 아무도 가지 않는 길에 인생을 건다는 것은 터무니없는 모험이라는 생각마저 드는데요? 물론 지금은 성공의 길에 접어드셨지만 말이죠."

"이 지점부터 용기가 필요해요. 대개 청년들은 결정을 빨리 내리려고 하는데, 조급하게 결정할수록 자신의 선택을 의심하고 다시 고민하게 됩니다. 쉽지는 않겠지만 일시적으로 실패하더라도 포기하지 않고 평생 가져가야 할 주제를 찾아야 해요. 제 경험으로 미루어볼 때 20대는 인생 전체를 놓고 고민해야 할 시기라고 봅니다."

임정택 대표에 의하면 20대는 인생이 결정되는 시기가 아니라 인생을 탐구하는 시기다. 비록 탐구하는 기간이 길어져 30세까지 이어지더라도 삶의 방향이 제대로 정해져야 한다고 했다. 꿈과 비전이 명확해지면 함께할 사람도 모이고 머리를 맞대고 도전하다 보면 일도 자연스레 풀리게 된다는 게 경험에서 우러난 그의 생각이었다. 그렇다면 가장 경계해야 할 것은 인생이 막 싹이 트는 20대에 꿈과 자신감을 상실하는 게 아닐까?

"저 또한 스스로를 완성형이라 생각해본 적이 없어요. 여전히 진행형인 거죠. 아직 젊기도 하고요. 그래서 늘 스스로를 발전시키고 회사를 발전시킬 새로운 동력을 찾고 있습니다."

20대 중반에 창업하여 어느 정도 궤도에 올랐지만 지금도 그리고 앞으로도 끊임없이 발전하기 위해 노력할 거라는 그는 자신에게 늘 세 가지를 요구한다고 한다.

"고민하라. 비전을 찾으라. 그리고 도전하라."

임정택 대표는 돈과 명예가 아니라 살아가는 목적과 존재이유를 발견하는 것에 가치를 두었다. 가장 어렵고 힘든 사람들과 함께 멋지게 일하는 회사 창업이라는 인생의 목표를 정한 뒤에는 자기가 가장 잘할 수 있는 것에 집중했다고 한다. 그런데 아무도 눈여겨보지 않았던 그곳에서 그는 노다지를 발견했고, 자기만의 노하우로 길을 뚫어냈다.

생각해 보면 누군가와 함께 일한다는 것은 아주 특별한 선택이다. 직원도 고용한 사람도 어떤 의미에서는 서로를 선택하는 것이다. 양측 모두가 동의하지 않으면 같은 회사에서 일하는 인연을 맺을 수 없다. 임정택 대표가 특별한 것은 그가 돈을 많이 벌기 위해 사회적 약자들을 선택한 것이 아니라, 사회적 약자들과 함께 일하는 멋진 회사를 꿈꾸었다는 것이다. 이런 점에서 그의 선택은 단순한 선택이 아니라 응원의 행위다. "함께 잘해보자!"라고 하며 서로를 격려하고 세워주는 선택이다.

지금 대한민국에서 20대로 살아간다는 것은 그 자체로 힘든 일이다. 자신의 꿈과는 동떨어진 곳으로 힘겹게 취업하거나 공무원시험에 인생을 걸거나 대학원에 진학하여 다음 기회를 엿본다 해도, 인생 전체로 보면 스모그로 가득 찬 길을 아슬아슬하게 걸어가는 불투명한 현실이다. "다른 길도 있어. 여기로 좀 와봐!"라고 가능성을 보여주지 않는 한 청년들은 망연자실할 수밖에 없다. 청년 기업가 임정택 대표의 도전정신은 길이 없을 것 같은 곳에서 길을 찾아냈고 청년들에게 새로운 가능성을 보여주었다는 점에서 의미 있다.

길을 찾아 떠나는 사람들의 손에 나침반이 있다면 얼마나 유용할까? 임정택 대표의 삶과 도전정신은 이런 점에서 그 자체로 나침반이다.

"힘들더라도 자기 길이라는 확신이 들면 그 길로 나아가야 합니다. 더디 가더라도 한 번쯤 넘어지더라도 다시 일어나면 되니까요."

임정택 대표는 사람들이 외면하는 곳에서 자기만의 성공방식을 찾아냈다. 바쁜 일상을 잠시 멈추고 살아가는 이유와 인생 전체를 놓고 한 번쯤 깊이 고민해 보면 어떨까? 그것을 찾을 수 있다면 절반은 성공한 셈이다.

계란으로 바위를 치려고 시도해 보았는가?

"장애인들과 함께하는 기업을 만들려는데 귀사의 도움이 필요합니다."

장애인들을 커피전문가로 양성하는 커피 전문점을 설치하는 데는 최소 1억 600만 원이 필요했지만, 당시 임정택 대표의 통장에는 단돈 25만

원뿐이었다.

'초기비용을 어떻게 마련할까?'

원대한 포부를 갖고 출발했지만 막상 현실은 냉혹했다. 자금을 마련할 길이 보이지 않았던 것이다. 고민 끝에 지도교수에게 힌트를 얻은 임정택 대표는 첫 자금을 마련하기 위해 포스코의 섭외부 담당자에게 호기 있게 전화를 걸었다.

"한동대학교에 다니는 임정택인데요, 포스코에 사업제안을 하려고 하는데 한번 뵐 수 있을까요?"

담당자를 만나 A4용지 3장으로 된 사업계획서를 제출했다. 장애인들을 커피전문가로 양성하는 카페사업의 내용과 필요자금 1억 600만 원이라는 예산계획 등이 담긴 제안서였다. 제안서를 훑어본 포스코 담당자는 사업에 관한 실질적인 문제를 물어왔다.

"좋은 사업이긴 한데 법인을 갖고 있나요?"

속으로 당황했지만 태연한 척하면서 "예, 이제 만들어야죠."라고 하며 노트에 받아 적었다. '아, 법인이 필요하구나!'

"장애인들과 일을 해본 경험은 있는 거죠?"

"예, 친한 장애인 형님이 몇 분 있습니다."

"카페를 운영해 본 적은 있는 거죠?"

"현재 카페에 대해 열심히 공부하고 있습니다."

그와 잠시 말을 나누는 것만으로도 준비되지 않은 게 너무도 많았다. 포스코 담당자가 질문한 14가지를 정리한 뒤 돌아온 그는 팀원들에게 이렇게 소리쳤다고 한다.

"모여 봐, 대박이야! 이 14가지만 준비하면 포스코가 돈을 주겠대!"

기대감에 들뜬 임 대표와 동료들은 너나할 것 없이 열심히 뛰기 시작했다. 필요사항들을 매주 하나씩 지우면서 말이다.

그때부터 카페를 만드는 법, 커피를 만드는 법, 카페 운영에 대해 최고의 전문가들에게 하나씩 배워나갔다. 본사는 포항에 있었지만 전국으로 뛰어다녔다. 정신장애인 전문가인 교수에게 필요한 내용을 배우는 동시에, 전국의 재활기관과 복지관 등을 찾아 도움이 되는 사람들을 만났다. 그러다 보니 3장이던 사업계획서가 어느새 10장을 넘어 17장이 되었고, 나중에는 38장까지 늘어났다. 바쁜 하루를 보내면서도 매달 포스코 담당자를 만나 사업계획을 제안하는 것은 놓치지 않았다. 계속 전화하고 퇴짜 맞기를 반복하면서도 포기하지 않고 매달리던 어느 날, 그는 포스코 담당자에게 다시금 확신을 갖고 말했다.

"장애인들에게 충분한 교육과 기회가 주어진다면 정말 잘할 수 있다고 봅니다. 장애인들이 전문가로서 마음껏 일할 수 있는 카페를 만들어서 스타벅스를 능가할 때 포스코 홍보를 잘 해 드리겠습니다."

"이 돈이면 정말 그 사업이 가능한가요?"

임정택 대표가 그토록 기다리던 이야기였다. 포스코를 노크한 지 6개월 만의 일이었다.

"완전 기적이군요!"

저절로 박수가 터져나왔다. 6개월 동안 그와 전국을 돌며 카페 사업을 준비하고 포스코 담당자를 만나 함께 확답을 받아낸 것처럼 신나고 행복했다. 가치 있는 꿈이 날개를 달게 되면, 하나의 꿈이 완성되는 것만으로 끝나지 않고 다른 수많은 꿈들이 날아오를 수 있도록 힘을 준다. 임정택 대표가 수많은 창업자들에게 도전하고 있는 것처럼 말이다. 특별한 사람이라서 멋진 꿈을 꾸는 게 아니라, 평범한 사람이 특별한 꿈을 꾸고 완성을 향해 달려가는 용기를 그는 온몸으로 보여주고 있었다. 한참을 이야기하다 보니 그의 삶 자체가 나에게 큰 응원으로 다가왔다.

임정택 대표는 '꿈이 있는 사람은 어떠한 난관에도 굴복하지 않는다.'라는 말을 온몸으로 실천하고 있었다. 히즈빈스 커피가 성공의 길을 개척하고 있는 것도 바로 이런 집요함과 포기하지 않는 도전정신 때문이 아닐까?

요즘 청년들에게는 스토리Story 만 있고 텔링Telling 이 부족하다는 이야기가 있다. 말하자면 도전정신이 부족하다는 것이다. 하지만 도전정신이야말로 피 끓는 청춘의 특징이 아니던가? 손에 계란을 들어 보았는가? 깨질 각오로 던져 보았는가? 가치 있는 꿈을 꾸게 되었다면 일단 부딪혀 보아야 한다. 그래야 길이 열린다. 계란으로 계속 바위를 치면 언젠가는 바위에 금이 가지 않겠는가? 작은 물방울이 바위에 구멍을 내듯이 말이다. 그러니 지레 겁을 먹고 주저앉을 필요는 없다. 될 때까지 밀고 나가는 근성과 용기를 키워 보자. 꿈이 있는데 도전할 방법을 모른다면 임정택 대표의 사례를 들여다보자. 그도 20대 때 비슷한 고민과 시행착오를 겪었지만, 이제는 자기 분야에서 성공의 길을 개척하고 있다.

가치에 집중하니 길이 열린다
■ ■ ■

히즈빈스를 설립한 지 6년째인 2014년, 회사에 커다란 위기가 찾아왔다. 빚이 수억 원으로 늘어났고 도무지 탈출구가 보이지 않았다.

'어떡하지? 이대로 주저앉을 수는 없는데…….'

돌파구는 보이지 않았고 피를 말리는 나날이 이어졌다. 어느 날 임 대표는 직원들에게 회사의 어려운 상황을 솔직하게 털어놓고 이해를 구했다. 하지만 급여가 매달 밀리는 상황에서도 직원들은 불평하지 않고 흔쾌히 한마음이 되었다.

'내 급여가 회사에 적립금으로 얼마 쌓여있네. 하반기에는 빚을 조금이라도 더 해결해 보자.'

이렇게 긍정적인 마음으로 뛰다 보니 문제가 하나씩 해결되기 시작했다. 어려운 상황에 부딪히면 사람들은 대부분 자기 살 길부터 찾는다. 하지만 히즈빈스 직원들은 위기상황에서 똘똘 뭉쳤다. 그들이 하나가 될 수 있었던 비결은 무엇일까? 바로 히즈빈스의 기업문화 때문이다. 임 대표 스스로가 자신의 지분을 포기하면서 기득권을 내려놓았고 이익을 공유하는 기업문화를 만들어 놓았기 때문이다. 리더의 솔선수범이 중요한 것은 이것 때문이다.

경영자의 입장에서는 직원들이 뜨거운 애사심과 열정으로 매사에 열심히 일해 줄 것을 기대한다. 하지만 현실적으로 보면 진심에서 우러나오는 직원들의 참여와 협조는 쉽지 않다. 이 지점에서 경영자와 직원 사이에 관점의 차이가 발생한다. 각자의 입장이 다르기 때문이다. 이 때문에 기업이 발전하려면 기득권을 가진 사람이 자신의 권리를 내려놓고 진심으로 함께 나누는 게 중요하다. 그럴 때에야 직원들이 충심으로 따르고 함께하게 된다.

나에게도 그런 사례가 있다. 얼마 전 기관의 대표로 해외에 나가 자원봉사 국제세미나에서 주제발표를 한 적이 있다. 발표를 준비하는 동안 직원들이 자료수집도 도와주고 아이디어도 냈다. 덕분에 발표를 성공적으로 마쳤다. 그때 현지에서 주는 사례비는 한국중앙자원봉사센터의 글로벌 사업을 위한 목적경비로 내놓았는데, 이는 발표는 내가 했지만 어찌 보면 우리 모두의 공동 작품이었기 때문이다. 이런 돈일수록 투명하게 처리해야 하며 의미 있는 일에 사용해야 한다고 생각했던 평소의 소신을 행동으로 옮긴 것이었다.

조직을 이끄는 사람들이 자신의 기득권을 내려놓는 것은 조직은 물론이고 조직에 속한 사람들 모두를 응원하는 행위다. 임정택 대표 또한 대표로서 자신의 역할에 충실할 뿐이지 군림하거나 다스리려는 마음으로 직원들을 대하지 않았기에, 어려운 상황에서도 직원들과 한마음으로 위기를 이겨낼 수 있었으리라.

그렇게 자금난을 조금씩 극복해 가던 차에 또 다른 위기가 히즈빈스를 덮쳤다. 회사가 어려우니 장애인 직원을 줄이자는 의견이 쏟아진 것이다. 회사가 살아야 장애인도 계속 고용할 수 있다는 논리였다.

"우리도 살아야 할 것 아니에요? 이참에 마이너스 역할을 하는 장애인을 확 정리합시다."

경제적 위기에 대한 여러 가지 해법이 난무하는 가운데 임정택 대표는 고독한 결단을 내렸다. 결론은 단 한 명도 줄이지 않는 것이었다. 그때는 숨이 막힐 듯 힘들었지만 시간이 지나고 나니 당시의 판단이 올바른 결정이었다고 했다. 2014년에 발표된 중앙정신보건지원단의 통계를 통해 OECD 평균보다 장애인 직원유지율이 두 배 더 높은 기업으로 알려지면서 수도권 진출에 도움이 된 것이다. 결국 1년 6개월 만에 수억 원의 빚을 모두 갚고 흑자로 전환할 수 있었다. 드라마에서나 볼 수 있는 기적이 일어난 것이다.

"근본 가치를 건드리는 것으로는 문제를 해결할 수 없어요. 어려움을 이겨낼 수 있는 비결은 직원들과 한마음으로 뭉치는 게 아닐까요?"

근본 가치를 건드리지 않고 직원들과 한마음으로 뭉치는 데서 해답을 찾았다는 이야기를 들으며 기업경영에 대한 임 대표의 소신을 확인할 수 있었다. 응원 또한 이와 같은 게 아닐까? 사람이 가진 꿈과 가치를 있는 그대로 인정하고 함께 강점을 발견해 주고 다른 이들과 조화롭게 하모니를 이뤄내도록 이끌어주는 것! 임정택 대표의 응원이 창업 멘토 박희광 센터장과 마에스트로 서희태 지휘자의 응원과 겹치는 순간이었다.

'그래, 응원이 이렇게 연결되는구나!'

정리해고를 해고함으로써 힘든 상황을 타개한 임정택 대표의 용기는 절망적인 순간에 주저앉지 않고 스스로를 가르치며 다시 일어선 박희광 센터장의 용기와 저절로 공명했다. 임정택 대표는 히즈빈스의 근본적인 가치와 정체성을 지켜냄으로써 절박한 위기를 극복할 수 있었는데, 이는 어려울 때 인적 구조조정부터 단행하는 기업의 일반적인 행태와는 전혀 다른 것이었다. 가치에 집중함으로써 새로운 돌파구를 열어젖힌 것이다. 결과적으로 근본적인 가치를 지켜낸 그의 선택은 옳았다. 원칙 중심의 결단이 브랜드를 강화하면서 또 다른 기회를 만들어냈기 때문이다.

꿈을 키워주는 기업 '(주)향기내는 사람들'은 힘들고 소외받는 사람들과 함께 살아가기 위한 사회혁신기업이다. 2008년에 세상을 변화시키자는 마음으로 임 대표를 비롯한 몇 명의 청년들이 설립하였다. 2017년 9월 현재 80여 명의 직원 가운데 장애인 직원은 45명, 새터민 직원이 4명 있다. 비장애인 직원은 30명 정도이다. 사회적 약자들이 다수를 차지하는 가운데 비장애인까지 함께 어우러져 서로를 응원하며 가치 있는 꿈을 향해 달려가고 있다.

현재 그가 처음 설립한 히즈빈스에는 45명의 장애인들이 바리스타와 제과제빵, 로스팅 전문가로 일하고 있으며, 최근에는 미래사업으로 '히즈빈스 컨설팅'을 출범시켜 운영하고 있다. 직원의 3퍼센트를 장애인으로 고용해야 하는 법에 근거해, 이 회사는 기업들이 장애인을 안정적으로 교육하고 고용할 수 있도록 돕는 컨설팅을 제공한다. 히즈빈스 컨설팅의 상담을 받게 되면 해당 기업이 내야 하는 장애인 고용부담금이 해마다 2억 가까이 줄어든다고 하니, 아직까지 컨설팅을 받지 않은 기업은 손해라는 말까지 들리고 있다. 건강음료와 디저트를 판매하는 '히즈빈스 디저트'의 매장에는 새터민들이 일하고 있는데, 임정택 대표는 이들을 외식업 전문가로 키워내는 것을 목표로 하고 있다. '꿈꾸는 떡 설레'는 새터민들을 주축으로 통일한국을 준비하는 사업인데, 그는 통일이 되면 북한의 가장 가난한 지역에 이 매장을 세워 일자리를 만들려는 꿈을 갖고 있다.

"그것 참 신기하네요. 손해 볼 것 같더라도 근본적인 가치를 지켜내는 게 얼마나 중요한지 다시금 깨닫게 됩니다."

"가야 할 길이 아직은 멀었다고 봅니다. 살아남아야만 세상에 말할 수 있기 때문에 계속 변화를 시도할 수밖에 없어요."

임정택 대표는 새로운 지역에 다양한 아이템으로 계속 도전하고 있다. 기업이 살아남으려면 새로운 것이 나와야 하고 변화해야 한다. 그 자리에 머물지 않고 새로운 것에 계속 도전하는 임정택 대표. 살아남아야 세상에 이야기할 수 있다는 그는 조급하게 서두르지 않고 착실하게 준비하면서 한 걸음씩 나아가고 있다. 가치에 집중하니 길이 열리고 있다.

타인의 성공을 위해 사는 삶

■ ■ ■

"죄송하지만 아메리카노를 이분이 내려주면 안 되나요?"

어떤 손님이 안쪽에서 일하고 있던 바리스타를 가리키며 이야기했다.

"제가 아메리카노를 좋아하는데, 이분이 내려주는 커피가 정말 맛있더라고요."

그 이야기를 들은 장애인 바리스타의 얼굴이 환해졌다.

"잠깐만 기다려보세요."

커피를 로스팅하고 내리는 손길에 주저함이 없다.

"맛이 없으면 환불해 드리겠습니다."

커피를 받아든 손님에게서 감동의 미소가 번져 나온 것은 당연하다. 그 미소에 전염되었기 때문일까? 커피를 내린 바리스타에게서도 웃음이 떠나지 않는다.

"40여 년을 살아오면서 오늘이 가장 행복해요"

40년 만에 받아본 칭찬이라며 '인생 최고의 날'이라고 외치는 장애인 바리스타. 고객과 바리스타가 커피 한 잔을 사이에 두고 행복하게 웃는 장면을 상상해 보자. 누군가의 인정과 칭찬을 받는다는 것을 즐겁고 행복한 일이다. 하지만 그 행복은 상대방을 인정하고 칭찬하는 사람에게 먼저 찾아든다. 응원도 이런 게 아닐까? 상대방의 진심을 알아보고 칭찬하는 데서부터 응원이 시작되는 게 아닐까? 이렇게 볼 때 응원은 어려운 게 아니다. 상대방의 진심을 알아보고 인정할 용기만 있으면 누구나 할 수 있는 것이다. 그리고 시작하기만 하면 자신에게서 다른 사람으로 커피향처럼 진하게 번져나가는 게 바로 응원이다.

히즈빈스에서 일하는 장애인 직원들의 변화는 지금도 진행중이다. 자존감이 높아지면서, 이들은 그동안 마음으로만 담아왔던 대학진학과 결혼의 꿈을 이루고 있다고 한다. 또 어떤 이들은 대학 강사로 발탁되거나 시인으로 등단하는 등 꿈을 실현하고 있다. 임정택 대표가 사업을 하면서 힘들지만 버텨내고 있는 것은 장애인들의 삶이 달라지고 그들의 꿈이 이뤄지는 것을 보기 때문이다.

"장애인 바리스타 직원들이 외로운 삶에서 벗어나 각자의 강점을 발휘해 성공하는 것을 보는 순간 힘든 게 눈 녹듯이 사라져요."

이 지점에서 엘리트Elite와 리더Leader의 차이에 대해 생각해 본다. 엘리트가 자신의 성공을 위해 달려가는 사람이라면, 리더는 팀원들과 함께 성공하기 위해 합심하여 노력하는 사람이다. 장애인에 집중하여 그들의 변화와 성공을 위해 달려가는 임정택 대표야말로 진정한 리더가 아닐까?

오늘날 청년들은 다른 사람들의 시선과 판단에 의해 자신의 인생이 결정되지 않을까 두려워한다. 그러나 타인의 판단은 인생을 살아가는 데 아무런 상관이 없다. 삶의 방향이 분명하다면 그대로 가면 된다. 가치가 하나하나 채워지는 것이야말로 행복이고 성공이다. 임정택 대표는 그러한 가치를 삶의 중심에 놓고 살아간다. 역발상적인 접근을 통해서 장애인과 함께 일하고 사업하는 가운데 참된 행복을 발견한 그는 소외된 자를 찾기 위해 포항 전역을 돌아다녔다. 세상을 따라가는 것이 아니라 세상의 흐름을 주도하면서 진정한 성공의 길을 몸소 보여주었다.

"세상의 흐름을 주도한다는 것은 감히 상상하기 어렵네요. 다들 트렌드를 따라가려고 하지 주도한다는 생각은 하기 어렵잖아요."

"저는 그것을 히즈빈스 커피의 가치경영이 지닌 힘이라고 말씀드리고 싶어요. 약자를 돕는 것에 가치를 두고 사업아이템을 개발하면 결국 세상의 인정도 받게 됩니다."

"모두가 한 쪽으로 달려갈 때 새로운 곳에서 가치를 발견하고 도전한다는 말씀이군요. 쉽지는 않겠지만 성공하기만 하면 세상의 흐름을 주도할 수도 있겠습니다."

돈과 출세라는 세속적인 성공을 쫓아가다 보면 진정한 성공을 이뤄낼 수 없다. 임정택 대표는 돈이 아니라 의미 있는 인생에 목표를 두고 사회적 약자들에게로 나아갔다. 사람들이 눈여겨보지 않던 분야에 주목했고, 세속적인 성공이 아니라 봉사적 성공을 추구하는 아이디어로 사회적 성공을 향해 나아가고 있다.

또다시 새로운 길을 꿈꾸다

임정택 대표가 장애인들을 위한 사업을 시작하게 된 이유는 장애인들을 자립시키고 인생의 주인공으로 만들기 위해서이다. 교육과 기회, 그리고 지지하는 사람들의 응원이 있다면, 장애인들이 이전보다 더 역동적으로 사회와 소통할 수 있다고 본 것이다. 그는 장애인들이 사회에서 자신의 건강한 꿈과 가치를 실현하도록 도와주는 것에 모든 것을 걸었다.

"장애인 한 명의 소중함 때문에 사업을 시작했는데, 여러 가지 어려움이 있었지만 포기하지 않고 직원들과 함께 버티다 보니 여기까지 오게 되었어요."

'작은 것에 집중하여 성공한 경험은 확장될 수 있다.'라는 깨달음이 오늘의 히즈빈스를 만들었다.

"한 명씩 변화되는 걸 40케이스까지 보고 나니, '앞으로 4,000만을 넘어 4억 명까지도 가능하겠구나.' 하고 생각하게 되었죠. 히즈빈스의 사례를 얼마든지 전 세계로 확장할 수 있겠다고 생각했어요. 비전의 확장가능성은 충분하거든요."

현재 히즈빈스는 우리나라 전역과 전 세계로 진출하는 것을 꿈꾸고 있다. 장애인과 비장애인이 행복하게 상생하는 회사이고 경험 또한 충분하며, 이런 꿈을 실현할 컨설팅 전략이 있기 때문이다. 그렇게 확신하는 특별한 이유가 있는지 물어보자 이런 대답이 돌아왔다.

"장애인 의무고용 3퍼센트라는 제도가 있어요. 의무를 이행하지 못할 때 한 명 당 한 달에 100만 원가량 부담금을 내야 합니다."

이 법은 50인 이상 기업뿐만 아니라 병원과 대학에도 적용된다고 한다. 의무고용 비율이 점점 더 높아지고 부담금 또한 늘어나고 있지만, 누구도 어떻게 고용하고 교육해야 하는지 방법을 제시해 주지 못한다는 것이다. 그래서 히즈빈스 컨설팅에서는 장애인 고용을 도와주는 형태로 기업컨설팅을 수행한다. 이때 임정택 대표는 클라이언트 대신 장애인 고용을 안정적으로 할 수 있는 사업을 위탁 운영해 줌으로써 해마다 2억 원의 장애인고용부담금을 줄일 수 있다고 한다. 기업은 안정적인 수익을 확보할 수 있고, 임정택 대표는 지역 장애인들과 기업을 연결시켜 줄 수 있기에 최고의 상생 아이템이라 할 수 있다.

예를 들면 포항에 있는 세명기독병원이 이러한 모델로 컨설팅을 받아 히즈빈스 커피와 히즈빈스 디저트를 1층에서 운영하고 있다. 3년 이상 카페를 운영한 결과, 병원은 약 5억 이상의 경제적 이득을 얻었고 장애인을 안정적으로 고용하게 되어 일석이조의 성과를 냈다. 1층에 카페가 있으니 직원복지도 좋아졌고, 입소문이 퍼져나가면서 이와 같은 모델이 전국적으로 확산되고 있다고 한다. 감당하기 힘들 것 같았던 위기를 합심해서 넘긴 뒤에 그 열매를 하나씩 거두고 있는 것 같아 내 일처럼 행복했다.

현재 임정택 대표는 미래 먹거리로 가상현실VR 교육프로그램 개발을 추진하고 있다. 더 많은 장애인들이 때와 장소에 상관없이 직업교육을 받을 수 있도록 하는 장치다. 장애인들이 가상현실로 바리스타 교육을 받을 수 있고 미리 체험할 수도 있는 프로그램이다. 이 프로그램이 본격적으로 도입되면 현재 임정택 대표와 함께 일하고 있는 장애인들도 현장중심 교육을 반복적으로 받을 수 있게 된다고 한다. 그야말로 시대를 앞서가는 예지력과 실행력으로 미래를 준비하며 길을 열어가는 모습에 감탄이 절로 나왔다.

임정택 대표는 "가치에 집중하니 길이 열렸고 성공이 따라온다."라고 굳게 믿었고, 타협하지 않는 실천을 통해 장애인들과 함께 꿈을 이뤄가고 있다. 그는 인생에 작은 꿈의 씨앗을 심었고, 이를 장애인들과 공유하면서 응원이라는 물과 양분으로 서로를 격려했다. 감당하기 힘든 폭풍우가 몰아칠 때도 흔들리지 않고 단단히 뿌리내린 나무처럼 서로를 향해 손을 뻗어 함께 우산을 만들어 세웠다. 그의 꿈이 이제는 함께하는 모두의 꿈으로 확장되었고, 함께 가치 있는 삶을 추구하는 가운데 진정한 성공으로 나아가고 있다.

임정택 대표는 이론이나 지식이 아니라 자신이 살아본 삶의 결과를 바탕으로 "많은 사람들이 가지 않는 길에서 가능성을 발견한 뒤 확신과 실천으로 열매를 맺고 있듯이, 여러분들도 새로운 길에서 성공으로 가는 실마리를 찾으세요."라고 도전한다. 그는 장애인들과 함께 응원하며 목표를 향해 나아가는 가치발명가였다. 혼자서는 결코 이룰 수 없는 목표, 함께 응원하며 나아가야 이뤄낼 수 있는 목표였기에 그들의 성공은 더욱 가치 있고 의미 있게 다가온다.

　기적을 만나고 돌아가는 길. 임정택 대표에게 꿈을 나눠받은 것처럼 마음이 따뜻해지고 기대감이 넘친다. 주변을 휙휙 지나가는 사람들과 가치 있는 꿈에 대해 나누고 싶고 꿈을 향해 함께 달려가자고 권하고 싶다. 그래, 나눌 때 더욱 풍성해지는 게 꿈이 아닌가. 누군가는 말도 안 된다고 하는 게 누군가에게는 너무도 당연한 현실이 되기도 한다. 그야말로 '기적 같은 현실'이 되는 것이다. '전혀 가능성이 보이지 않는 곳'에서 꿈의 씨앗을 발견한 임정택 대표처럼 기적의 결을 보고 손을 밀어 넣은 사람. 기적이 찾아오지 않는다면 스스로 다가가 기적의 손을 붙잡아 이끌어내고자 결심한 청년. 나눔을 문화로 만드는 드림메이커Dreammaker '허그인'의 신성국 대표가 저만치 기다리고 있다.

4장

신성국

응원에서 답을 찾은 나눔 전파자

Culture

신성국

대학생 때부터 나눔의 일상화라는 가치의 중요성을 깨닫고 이를 우리나라는 물론이고 세계 속에서 실천하려고 시도하고 있다. 나눔 앱을 비롯한 나눔 문화 콘텐츠를 통해, 혼자서는 불가능한 나눔의 일상화를 많은 사람들과 함께 응원하며 전파하려 한다. 전 세계인이 나눔으로 행복해지기를 꿈꾸는 드림메이커로서, 현재 글로벌 나눔 문화 콘텐츠 전문회사인 허그인을 이끌어가고 있다.

커피 원두는 로스팅을 통해 스스로를 수없이 단련하는 동안 자기만의 특별한 맛과 향기를 얻는다. 임정택 대표가 커피처럼 삶을 단련하며 나눔을 실천하고 있다면, 세상 곳곳에 존재하는 기적을 캐내어 사람들과 나누려고 준비하는 사람이 있다. 세상에 나눔이라는 기적을 선물하려는 청년 신성국. 전 세계인이 나눔으로 행복해지기를 꿈꾸는 신성국 대표가 바로 그 사람이다. 그가 일상 속의 나눔으로 세상을 바꾸고자 '허그인'을 만들어 활동하는 동안 매순간 기적 같은 일이 일어났다.

사람들은 보통 나누면 손해 본다고 생각하지만, 그는 나눔을 즐겨야 하고 이를 문화로 정착시키려 한다. 우리 사이에 숨어있는 기적의 결을 보고 그쪽으로 손을 밀어 넣어야 한다는 신성국 대표. 과연 나눔의 일상화를 이루어내려는 그의 꿈은 이루어질까? 전 국민이 즐겁게 참여하는 새로운 나눔 문화를 이뤄내기 위해 오늘도 자신의 꿈과 삶을 멋지게 나누고 있는 청년 신성국. 나눔을 문화로 만드는 드림메이커 신성국 대표를 만나 '나눔으로 응원하고 응원하며 나누는' 나눔의 일상화를 경험하러 가는 길이다.

자원봉사와 나눔은 결국 하나로 통하는 것이기에 그와 함께 꿈과 비전을 나누는 것만으로도 서로에게 큰 응원이 되었던 게 사실이다. 그렇다면 나눔을 만들어가는 그의 에너지는 도대체 어디서 오는 걸까? 살아가는 동안 나눔으로 연결시킬 만한 게 있으면 즉시 실행에 옮기는 그는 도대체 어떤 사람일까? 그를 만나러 가는 동안 그가 이번에는 또 어떤 나눔 아이디어를 삶에 적용할지 궁금해졌다.

무에서 유를 창조하는 발상

■ ■ ■

"기적을 만들고 있다는 그분인가요?"

"제가 기적을 만들고 있다기보다는 기적이 저를 만들고 있다는 게 정확한 표현인 것 같습니다."

허그인 신성국 대표를 처음 만난 것은 2015년 7월 한국자원봉사협의회가 주관한 자원봉사 컨퍼런스 때였다. 전 국민의 나눔 문화 활성화를 위해 앱을 만들고 응원을 통해 일상적인 나눔 문화를 만들어 가겠다고 열변을 토하는 그의 표정에는 당당함과 자신감으로 가득했다. 그를 또다시 만난 것은 2015년 12월 광주시 광산구자원봉사센터가 주관한 자원봉사 토크쇼에 나란히 발표자로 참여했을 때였다. 세 번째 그를 만난 것은 2016년 1월 말 허그인 전국투어에 나선 그가 지역을 방문했을 때였다. 만날 때마다 느끼는 것이지만 그와는 뭔가 통하는 것이 있다. 나눔에 대한 생각이 비슷한 데다 꿈을 나누는 비전메이커라는 점에서 일종의 동지애가 느껴질 정도다. 허그인이란 게 무엇이기에 그가 모든 것을 던지면서까지 집중하는 걸까? 매번 궁금했지만 꾹꾹 눌러 참았던 이야기를 이번만큼은 꼭 나누고 싶었다.

"위로하며 안아준다는 느낌 때문일까요? 허그인이라는 이름을 처음 들었을 때 왠지 따뜻한 느낌이 들더라고요."

"정확히 보셨어요. 제가 꿈꾸는 허그인은 사람들을 사랑으로 안아주는 겁니다. 그 구체적인 방법으로 일상에서 나눔을 문화처럼 즐기도록 하고, 서로의 선행을 응원해 주는 문화를 만들려고 합니다."

허그인의 시작은 신성국 대표가 제대한 후《아름다운 세상을 위하여

Pay it forward》라는 영화를 보게 된 것이 계기가 되었다고 한다. 막연하게 세상을 바꾸어보겠다고 했던 자신의 꿈이 실제로 이루어지는 모습을 본 것이다. 그때 그는 영화 속 이야기가 실제로 일어난다면 행복한 세상이 펼쳐지겠다는 생각이 들었다. 주인공 소년의 나눔을 시작으로 일상 속에서 사람들이 나눔을 주고받고 응원하는 모습을 보면서, '우리가 사는 세상이 이래야 하지 않을까?'라는 생각을 하게 되었다고 한다. 이것이 계기가 되어 '아름다운 세상을 위하여' 프로젝트가 시작되었다. 신성국 대표의 나눔을 시작으로 300명의 학생들을 실천으로 이끈 이 프로젝트는 학교에서 반향을 불러 일으켰고, 결국 '세상을 바꾸는 글로벌라이프 사업'의 대상을 받게 되었다. 덕분에 대학교 총장님도 만나고, 전교생 앞에서 연설도 하면서 "아름다운 세상을 위하여 재단을 만들어라, 이벤트회사를 차려라."라는 말까지 듣게 되었다.

"당시를 돌이켜보면 무에서 유를 창조하는 일이었습니다. 오로지 가능성만 보고 밀고 나갔으니까요."

무에서 유를 창조한다는 게 정말로 가능한 일일까? 특별한 기반이나 후원도 없이 오로지 가능성만 믿고 자기 삶을 던져버린 그가 정말 크게 보였다. 자신이 그리는 세상, 꿈꾸는 세계를 위해 한 번밖에 없는 인생을 던진다는 것은 엄청난 모험이기 때문이다.

그를 처음 만나 나눔의 에너지에 흠뻑 빠져들었을 때, 신성국 대표와 다른 혁신가들의 차이가 무엇일까 생각해본 적이 있다. 내가 만난 대부분의 혁신가들은 구체적인 형태의 비즈니스 아이템이 있었다. 예를 들어 박희광 센터장은 르호봇이라는 공간에서 창업 교육과 창업 아이템을 연결시키고 있고, 임정택 대표 역시 장애인과 함께하는 구체적인 비즈니스 아이템이 있다. 하지만 신성국 대표는 무형의 아이템에서 아이디어를 얻어 예비 사회적 기업과 나눔으로 나아간 경우였다.

그가 생각하는 기적은 일반적인 정의와는 조금 다르다. 확률적으로 절대 일어나기 힘든 상황을 뜻한다기보다는, 사람들의 생각이나 행동에 긍정적인 변화가 일어나는 일을 기적으로 간주한다. 그에게 기적이란 꿈을 발견하고 그것을 이루기 위해 함께 손잡고 응원하며 나아가는 것이다. 터무니없는 환상이 아니라 실현가능한 미래라는 얘기다. 그의 생각을 따라가자면, 기적은 가만히 있으면 절대 만날 수 없고 한 걸음씩 나아가면 결국 만나게 된다.

"적극적으로 앞으로 나아가야 자신이 원하는 것을 만날 수 있어요. 그러자면 좋아하고 설레는 것을 해야겠지요?"

다양한 꿈을 지니고 살지만 정작 실현하는 방법을 몰라 오늘도 고군분투하는 사람들. 신성국 대표 또한 자신의 꿈을 실현하는 게 만만치 않다는 것을 절감했다. 하지만 그는 가치 있는 것을 향해 손을 내밀 때 기적이 찾아온다는 것을 깨달았다. 하늘에서 뚝 떨어지듯 주어지는 수동적인 기적이 아니라 스스로 만들어내는 그런 기적 말이다.

대학을 마치고 너도나도 취업전선에 뛰어드는 것은 스스로 만들어내기보다는 이미 꾸려진 조직에서 주어진 일을 하는 게 쉽고 편하다는 것을 알기 때문이리라. 다시 말해 스스로 새로운 것을 만들어간다는 게 그만큼 힘들고 어렵다는 얘기다. 그것도 신성국 대표처럼 무형의 아이템으로 승부하며 기적을 만들어가는 사람이라면, 힘든 것은 물론이고 날마다 특별한 도전을 경험하지 않을까? 그렇다면 그는 어떤 방식으로 기적에 도전하고 기적 같은 나눔을 실천하고 있는가?

나눔이 평생의 일이 되다
■ ■ ■

"대부분의 사람들이 돈과 권력을 움켜쥐려고 애쓰고 있는데, 신 대표는 오히려 다른 사람을 위해 살기로 결심하셨군요."

"눈을 뜨고 있는 동안에는 오로지 나눔에 대한 생각만 떠오르더라고요."

"이거 신 대표에게 기적이 먼저 일어난 것 같은데요? 그러고 보니 신 대표의 원래 꿈이 궁금해집니다."

"저는 어릴 때부터 쭉 과학자나 발명가가 되고 싶었어요."

"발명가라고요? 그럼 대학교에서는 이공계통을 전공하셨겠네요?"

"그런데 그게 좀 복잡해요."

고교 시절까지 신성국 대표의 꿈은 과학자나 발명가였다. 드라마《카이스트》를 보면서 로봇축구나 하늘을 나는 자동차를 만드는 꿈을 키웠다. 그런데 자신이 20세쯤 되었을 때 그런 것들이 발명되었다는 소식을 듣고, 발명가의 꿈을 포기했다고 한다. 그는 대학교에 전자공학과로 입학했지만, 복수전공이 가능한 학교 정책 덕분에 2학년 때는 경영학을 공부했고 복학해서는 국제학과 사회복지학을 공부했다고 한다. 단 하나의 전공만으로는 살아남기 힘든 시대인 만큼 그가 이런 선택을 했다는 게 조금은 이해가 되었다. 또한 인생의 중요한 가치를 힘있게 전달할 수 있는 도구가 문화예술이라고 생각해서, 콘서트·페스티벌·플래시몹 같은 문화예술 프로젝트를 수행하거나 공연동아리 활동으로 대학시절을 바쁘게 보냈다.

이런 가운데 그는 작은 사회혁신기업을 경험하게 되었다. 회사가 내건 비전에 마음이 갔기 때문이다. 이런 경험을 바탕으로 그는 자신이 가장 잘하면서도 즐겁게 할 수 있는 일을 시작했다.

"대학시절부터 많은 경험을 쌓으셨군요. 그런 경험과 안목들이 '아름다운 세상을 위하여' 프로젝트의 탄생에 영향을 미치지 않았나 생각합니다."

이 프로젝트는 신성국 대표 자신이 시작부터 끝까지 기획해서 현실로 만들었다고 한다. 그러다 보니 느낌이 달랐다. 생각할 때마다 가슴이 뛰었고, 이 때문에 전심을 다해 뛰어들었다. 하지만 대학 후반기에 이르면 누구나 고민에 빠지게 된다. 가슴 뛰는 일이지만 먹고 사는 문제도 해결해야 한다. 새로운 길을 개척하느냐 아니면 취업하느냐를 놓고 고민하던 그는 결국 휴학하기로 결정하고, 그 기간 동안 멘토 300명을 만나 자문을 구하기로 했다. 가슴 뛰는 일을 해야 할지 아니면 취직을 해야 할지에 대하여 마침표를 찍기 위해 전국을 누볐다. 세바시와 테드, 예능 강의 멘토들을 만났고 콘서트까지 찾아갔다. 그해 7월부터 12월까지 온라인과 오프라인을 오가면서 정신없이 뛰어다녔다.

"300명의 멘토를 만나다니 대단한 실행력이네요. 신 대표와 이렇게 만나고 있으니 그 꿈투어에서 결국 길을 찾은 거네요."

"예, 300명의 멘토를 만나 얻은 결론은 새로운 길, 설레는 길로 가라는 것이었어요. 그래서 삶의 방향을 결정하게 되었습니다."

"아, 그렇게 해서 세상을 바꿀 기적에 도전하기로 결심하신 거로군요. 그렇다면 허그인도 그때 시작하신 건가요?"

"그건 아니에요. 스토리를 말씀드리자면 2012년 1월, 영화를 현실로 만들어야겠다는 꿈과 함께 새로운 도전이 시작되었어요. 1년 반 동안 1,000여 명의 사람을 만났고, 그들의 재능·선물·응원·조언 등을 모아

2013년 9월에 허그인을 시작했죠. 일상 속의 나눔을 현실화시킬 아이템이었습니다."

나눔의 일상화라는 신 대표의 꿈이 1,000여 명의 다양한 응원에 힘입어 구체적인 모습을 드러낸 것이다.

"나눔을 일상화하는 구체적인 아이디어가 있다고 들었어요."

"한마디로 나눔 앱을 활용한 글로벌 무브먼트[global movement]입니다."

"나눔 앱을 제작해서 나눔을 국제적으로 확산시켜 나가겠다는 말씀인가요?"

"맞습니다. 나눔의 일상화를 전 세계와 공유하는 거죠. 나눔이 일상이 된다는 건 나눔에 대한 참여율과 지속성이 높아진다는 겁니다. 그러기 위해서는 효과적인 응원시스템이 필요하다고 생각했어요. 그래서 나눔 문화 플랫폼인 '허그인 나눔 앱'을 구상하게 된 거죠."

전 세계 누구나 자신이 실천한 나눔 스토리를 공유하고 응원하는 커뮤니티 플랫폼, 서로의 실천을 응원해주는 나눔 문화 플랫폼이 필요하다는 것이다. 결국 그는 나눔을 통해 함께 행복한 사회를 만들어가자는 게 아닐까? 그에게 조심스럽게 나눔과 응원에 대한 생각을 풀어내 본다.

"나눈다는 건 자신이 가진 것 가운데 가치 있는 것을 다른 사람을 위해 내어놓는 게 아닌가요? 다른 사람을 돕기 위해서 말이죠. 이런 점에서 나눔은 그 자체로 다른 사람을 응원하는 거라는 생각이 들어요."

"그렇죠. 나눔이 응원이고 응원이 곧 나눔입니다. 나눔을 실천하는 사람들에게는 자신과 같은 길을 가고 있는 사람들의 응원이 필요해요. 혼자가 아니라 많은 사람들이 함께 같은 길을 걷고 있다는 사실을 깨닫도록 도와주는 게 중요하죠."

혼자 가면 좁은 길이지만 여럿이 함께 가면 길이 넓어진다. 나눔의 길에 동참하고 응원하는 네트워크가 중요한 것은 이 때문이다.

신성국 대표는 나눔을 응원하는 온라인 앱이 제작되면, 이를 오프라인과 연계하여 전 세계 사람들과 함께 행복해지는 꿈을 꾸고 있다. 그 꿈을 위해 오늘도 자신의 가치를 기꺼이 나누고자 하는 사람들과 함께 달려가고 있다. 여전히 힘들지만 그는 점점 더 나눔을 즐기게 되었고 결국 나눔이 평생의 일이 되었다. 삶을 변화시키는 기적은 그에게서부터 일어나고 있었다.

모든 것을 잃고 응원으로 일어서다

"내가 왜 이런 고생을 하고 있는 거지? 내 꿈이 소중한 건 알지만 이렇게 고생하면서까지 계속해야 할까?"

2013년 7월, 첫 번째 위기가 찾아왔다. 사업을 시작하기도 전에 일이 꼬여서 준비한 것이 수포로 돌아갈 지경이 되었다. 모든 것이 허무해지는 순간이었다.

'이러다 죽을 수도 있겠다.'

심장이 쿵쾅거렸다. 정신병에 걸릴 것만 같았다. 도저히 가만히 있을 수 없어서 하염없이 걸었다. 허그인이 들어설 공간을 만드는 가운데 사업이 연기되면서 수천만 원이 날아가 버린 것이다. 5월에 오픈해야 하는데 3개월째 연기되다 보니 모든 게 엉망이 되었다. 자존감이 바닥을 쳤다.

함께 도전한 동료들도 실망하고 좌절했다. 아들에게 실망해 방으로 들어가는 부모님의 뒷모습은 그에게 큰 충격이었다.

'나 때문에 모두가 불행해졌구나.'

나눔의 일상화라는 차별화되는 아이디어로 자신도 행복하고 많은 사람들도 행복하게 할 수 있으리라 확신했던 그였다. 하지만 현실이 만만치 않다는 것을 깨닫게 되면서, 잠잠히 스스로를 돌아보는 시간을 갖게 되었다. 자만하지는 않았는지, 자신에게 문제는 없었는지 반성해 보았다. 당시 느꼈던 그의 답답함과 아픔은 페이스북에 고스란히 담겨 있다. 그때 그는 자신이 중요한 것을 놓치고 있었음을 깨달았다. 많은 사람들이 신 대표 자신을 응원하고 있었던 것이다. 자기 문제에 집착한 나머지 많은 사람들이 응원하고 있다는 사실을 잊고 있었던 것이다. 나눔 또한 많은 사람들과 함께할 때 힘이 있고, 함께하는 나눔이야말로 자신이 꿈꾸는 것이었는데 말이다. 사람들의 응원을 나눔으로 받게 된 그는 그때부터 마음을 다잡았다고 한다.

'절대로 포기하면 안 되겠다. 응원해주는 사람 때문에라도 끝까지 최선을 다해야겠다.'

이렇게 그는 자신에게 닥친 상황을 객관적으로 바라보면서 심리적인 안정까지 찾게 되었다. 자신부터 달라지니 상황도 점점 호전되었고, 그는 첫 번째 위기를 극복해냈다. 하지만 이게 끝이 아니었다.

2015년 3월, 허그인에 두 번째 위기가 찾아왔다. 도무지 희망이 보이지 않는 가운데 월세만 500만 원씩 나가고 잔고는 마이너스였다.

'내가 뭐하는 거지? 도대체 남는 게 뭐지?'

한순간도 힘들지 않은 때가 없었지만, 그날 새벽에는 신세 한탄이 저절로 나왔다. 답답함에 절망으로 가득 찬 글을 적어 페이스북에 올렸다. 다음날 일어나 보니 그동안 잊고 지냈던 많은 사람들이 댓글과 전화로 위로하고, 찾아와서까지 응원하며 힘을 주는 게 아닌가.

"잘하고 있어.", "잠시 쉬었다 가도 괜찮아.", "늘 응원해." 등으로 응원하는 친구들의 한마디는 천군만마와도 같았다. 응원의 릴레이는 오프라인에서도 이어졌다. 강연을 갔을 때나 허그인에서, 그리고 만남을 이어갈 때마다 포기하지 말라는 응원의 메시지가 쇄도했다.

'아, 내가 세상에 필요한 일을 하고 있구나. 내가 잘하고 있는 거구나.'

이렇게 볼 때 응원을 받으며 일어서고 또 일어서는 그의 삶 자체가 나눔의 힘을 입증하는 게 아닐까? 하지만 그에겐 풀지 못한 오래된 숙제가 있었다. 부모님이 자신을 믿어주지 않는 게 무엇보다 더 힘들었다. 대학 졸업을 앞두고 갑자기 아름다운 세상을 만들겠다며 창업을 하겠다고 나섰으니 부모님으로서는 걱정이 되는 게 당연했다. 사방이 꽉 막힌 듯 절박했던 바로 그때, 그는 오히려 사방을 향해 공격할 수 있는 기회를 잡았다.

2017년 5월 신성국 대표가 아버지에게 드린 특별한 선물은 '신의 한 수'가 되었다. 국민연금공단이 주관한 세대 공감 토크쇼에서 부자父子가 함께 출연하는 기회를 얻었고 그 과정에서 서로를 이해하는 계기가 마련된 것이다. 아름다운 세상을 꿈꾸는 아들과 평범하게 잘 살길 바라는 아버지 간의 '현실부자' 이야기는 각본 없는 감동 그 자체였다.

"세상에서 가장 존경하는 아버지를 소개합니다."

신 대표가 진심을 담아 아버지를 소개하는 순간 아버지도 울고 관객들도 감동했다. 그는 이렇게 신기한 방식으로 위기를 극복할 수 있었고,

그때부터 아버지는 신 대표의 든든한 지원군이 되었다고 한다. 아버지의 응원이라는 강한 날개를 단 것이다. 아주 특별한 방식으로 집안의 갈등을 극복하긴 했지만, 위기에 맞서 고군분투하는 허그인의 상황은 여전히 진행중이다.

"포기해라, 때려 치워라, 그만해라, 쓸데없는 꿈꾸지 말라."라는 말을 들을 때마다 힘들고 외롭고 지치지만, 그때마다 그는 자신이 품고 있는 꿈을 되새김질해 본다. 누군가에게 부정적인 말을 들었을 때, 다음날 포기해 버리면 가짜 꿈이고 계속 도전하고 있으면 진짜 꿈이라는 것이다. 서럽고 자존심이 상해도 도전하고 있다면 진짜 꿈이다. 누군가가 비난하더라도 인생을 걸고 지키고 싶은 꿈이 있다면 그것이 바로 진짜 꿈이란 것이다.

막다른 길을 만나야만 벽을 뚫거나 넘을 새로운 방법을 떠올리게 되듯이, 신성국 대표는 벼랑 끝에 서고 보니 꿈을 향한 갈증이 더욱더 강해졌고 아이디어도 넘쳐흘렀다고 한다. 모든 위기에는 이유가 있고, 그것을 해결하기 위해 집중하는 동안 더 많은 것을 얻을 수 있다. '생각을 응원하는' 그의 힘은 바로 이렇게 온갖 위기상황을 돌파하는 가운데 찾아온 선물이었다.

꿈을 찾아 세계를 누비다

"안녕하세요? 허그인 글로벌 원정대입니다."
"먼 길을 오셨네요. 들어오세요."

영화《아름다운 세상을 위하여》원작소설의 작가 캐서린과의 만남은 이렇게 이루어졌다. 2016년 12월, 허그인 글로벌 투어의 일환으로 계획한 캐서린과의 만남이 그녀의 집 근처 카페에서 극적으로 성사된 것이다. 첫 만남의 설렘을 안고 조심스레 문을 두드렸다. 뭔가 상냥하고 자상할 것이라는 기대와는 달리 문신을 한 그녀에게서 록앤롤 rock and roll 이미지가 느껴져 신기했다. 아름다운 스토리를 지어낸 여류 작가라서 따뜻하고 천사 같은 이미지를 기대했지만 상상과는 너무도 달라 무척 당황했다고 한다.

'어, 상상한 인물이 아니네. 잘 안 풀릴 수도 있겠다.'

그녀에게는 소울 Soul 이라는 애마가 있었다. 그녀가 승마를 좋아한다고 해서 말 이름을 알아간 것이다.

"소울이 지금 잘 지내고 있나요?"

신 대표의 준비가 제대로 빛을 발했다. 캐서린이 밝게 웃으며 마음 문을 연 것이다. 그녀에게 허그인의 창업배경과 지금까지의 활동에 대해 설명하자 놀라는 표정이 역력했다. 자신의 소설이 한 청년의 인생을 놀랍게 바꾸었으니 말이다. 감동받은 캐서린이 너무도 멋지다며 꼭 안아 주었다고 한다.

사실 캐서린과의 만남 이전에 그는 또 다른 기적을 경험했다. 비행기표만 겨우 끊고 날아간 신 대표의 미국 방문은 기적의 연속이었다. 12월 1일에 LA에 도착했는데 캐서린과의 미팅은 12월 10일에 예정되어 있었다. 현지에서 영어통역도 구해야 하고, 먹고 자는 문제도 해결해야 했다.

이렇게 하루하루가 막막했는데 신기하게도 일이 풀렸다. 12월 3일 미국의 LA청춘캠프라는 곳에서 우연히 미니 특강을 하게 되었는데, 신 대표의 이야기에 마음이 움직인 여성 두 분이 자원해서 캐서린과의 만남에 동행한 것이다. 영어통역과 운전은 이렇게 해결되었다. 또 하나의 기적은 허그인 자원봉사자 한 분이 한국에서 미국으로 건너와 숙식비용 일체를 해결해준 것이다. 젊은 청년의 꿈을 응원하고자 4명의 원정대가 동행했다는 말에 캐서린의 마음은 활짝 열렸다.

캐서린과의 만남은 중요한 전환점이 되었다. '와도 좋다'라는 캐서린의 승낙이 기적의 문 입구로 안내한 것이라면, 그녀가 허그인의 꿈을 응원하기 위해 홍보대사가 된 것은 신 대표 입장에서는 기적의 문이 열린 것이나 다름없었다. 캐서린의 소개로 신 대표는 《아름다운 세상을 위하여》의 영화 제작자나 영화감독, 영화배우 등을 만나는 새로운 꿈을 꾸게 되었다. 결국 기적은 행동하는 자의 편에서 일한다.

허그인 전국 투어의 시작은 2015년 7월 전국자원봉사 컨퍼런스가 기폭제가 되었다. 자신과 비슷한 생각을 가진 사람들과 힘을 합쳐야겠다는 마음으로 시작한 것이다. 나눔의 대가들을 만나 그들의 응원을 하나로 엮어보자는 생각이었다. 서울과 경기, 제주도와 광주, 부산과 대전 등 꿈을 함께 나누는 사람들과 함께 전국적인 네트워크를 구축하는 것이 목표였다.

"가치 있는 꿈일수록 위기를 자주 만나는 것 같아요. 현실은 자꾸만 타협하라고 꿈을 흔들거든요. 하지만 손을 맞잡으면 꿈은 위기에 쉽게 흔들리지 않고 인생이라는 땅에 든든히 뿌리내리게 되겠지요. 저는 이것이야말로 응원의 진정한 힘이라고 생각합니다."

신성국 대표는 1차 투어의 경험을 바탕으로 지속적인 전국 투어를 구상하고 있다. 두 번째 전국투어는 '세상을 바꾸는 나눔을 어떻게 실천할 것인가'라는 주제로 기획하고 있다. 지역별 색깔에 맞는 나눔 프로젝트를 순차적으로 펼치며 나눔 여행을 하는 것이 핵심이다. 세 번째는 나눔을 실천한 사람들을 중심으로 서로를 응원하는 파티를 열 계획이다. 이러한 실천과 응원이 반복되도록 문화를 만들고, 이것이 세계로 확장되기를 꿈꾸고 있다. 예컨대 파리에서는 낭만적인 나눔을 하고, 스페인에서는 열정적인 나눔을 하며, 아이슬란드에서는 산타 나눔을 하는 등 나라별 색깔에 맞는 나눔을 구상하고 있다.

"정말 가슴을 뛰게 하는 비전이군요. 단순히 꿈으로만 머물지 않고 나눔 문화가 우리나라 전역과 세계로 확산되어 나갔으면 좋겠습니다."

좋아하는 일은 순간순간은 힘들어도 결국 의미 있는 결실을 맺는다. 가치를 바라보며 꿈을 향해 달려가는 사람들은, 꿈을 실천하는 가운데 어려움을 겪는다 해도 기쁘게 이겨낼 수 있다. 이 때문에 꿈을 만들어가는 사람들의 삶은 그 자체로 응원이 된다.

허그인, 사람에게서 희망을 발견하다
■ ■ ■

"그런데 신 대표에게 계속 물어보고 싶은 게 있었어요. 요즘 젊은이들은 대부분 좋은 직장에 취업하는 것을 목표로 삼는데, 신 대표는 왜 취업하지 않고 이 길을 선택했나요?"

"인생은 한 번뿐이니 제가 진짜로 좋아하는 것을 하면서 살고 싶었어요."

현재 꿈꾸는 청년 신성국의 강연은 100회를 넘어섰다. 그는 꿈으로 사람들의 마음을 울리고 있으며, 거기서 자신의 진정한 능력을 발견했다. 좋아하는 것을 하면서도 가치 있는 인생을 살아가는 신성국 대표의 삶이야말로 당장의 취업을 뛰어넘는 멋진 인생이 아닐까?

"신 대표에게 앞으로의 비전이나 다음 목표가 있다면 무엇인가요?"

"전 세계 사람들이 나눔을 일상화하도록 돕는 게 저의 궁극적인 비전이자 목표입니다."

허그인의 비전은 전 세계 사람들이 일상 속에서 나눔을 실천하며 즐기는 문화를 만드는 것이다. 이렇게 한 젊은이의 꿈으로 시작된 도전은 우리나라를 넘어 전 세계로 향하고 있다.

"정말로 중요한 일이지만 현실적으로는 시간이 걸린다고 봅니다. 그래서 기적이 필요하지 않을까요?"

"맞습니다. 하지만 가만히 있어서는 안 됩니다. 인생에 있어서 가치 있는 변화가 일어나길 바란다면 행동해야 합니다. 행동이 곧 기적을 가져오기 때문이죠."

기적은 늘 우리 주변에 있고 우리를 도울 준비를 하고 있기 때문에, 그것을 발견하고 손을 내밀기만 하면 우리 것으로 만들 수 있다. 그런데 우리는 자신의 문제에만 골몰하기 때문에 기적이 바로 옆에 있음을 알아채지 못한다. 기적의 결을 보고 그 속으로 손을 밀어 넣어야 한다. 기적은 찾으려고 노력해야만 거머쥘 수 있기 때문이다. 신성국 대표는 나눔에서 가치를 발견했고 그것을 일상화하는 데 인생을 걸었다. 그리고 나눔의 일상화라는 목적의식을 가지고 날마다 실천하는 가운데 기적은 그의 삶에서 날마다 뿌리내리고 있다.

영화《아름다운 세상을 위하여》에서는 한 소년의 실천이 나눔의 기적을 만들었고, 그 영화에 감동받은 한 청년은 우리에게 아름다운 세상을 위하여 함께해 줄 것을 호소하고 있다. 클라우드cloud가 없던 시대에는 외장하드 디스크나 USB 메모리카드를 가지고 다녀야만 필요할 때 데이터를 공유할 수 있었다. 하지만 가상공간인 클라우드가 나타나면서 필요할 때면 언제든지 원하는 정보를 공유할 수 있다. 어쩌면 신성국 대표의 꿈도 클라우드와 같은 것이 아닐까? 언제 어디서나 도움이 필요한 사람이 있다면 클라우드의 꿈 저장소에서 정보를 가져와서 나눠가질 수 있으니 말이다.

가치 있는 것을 나눔으로써 사람답게 살아가는 것을 꿈꾼다는 점에서 나눔의 일상화는 응원과 겹친다. 응원 또한 상대방을 전제로 하고 도움이 필요한 수많은 사람들과 공유하는 나눔의 한 형태이기 때문이다. 그는 이렇게 말한다.

"인생은 한 번뿐이니 날마다 가슴 뛰는 일을 하세요. 묵묵히 버티며 한 걸음씩 가다보면 기적은 따라올 거예요."

새로운 길을 개척하며 끈질기게 열어가는 도전은 성공 여부를 떠나 그 자체로 의미가 있다. 그의 삶은 이제 막 꿈을 향해 일어선 사람들을 응원하고 격려하며 용기를 준다.

이렇게 응원에서 인생의 답을 찾은 나눔 전파자가 드림메이커 신성국이라면, 프레임을 뛰어넘는 발상의 전환으로 사회적 책임을 감당하고 있는 사람이 있다. 일찍부터 스타트업 분야에서 최고의 업적을 남긴 사람, 날마다 스스로를 시험하고 목표를 실행함으로써 가치 있는 것을 끊임없이 성취해 온 스타트업 멘토, 프라이머의 권도균 대표가 바로 그다. 청년들이 꿈을 이루는 게 쉽지 않은 상황인 만큼, 젊을 때부터 가치 있는 도전을 이어온 그에게서 뭔가 답을 찾을 수 있을거란 생각에 그와의 만남이 더욱 기대된다.

제2부

실행이 답이다

: 5장 : 역발상에서 길을 찾은 스타트업 멘토, 권도균
: 6장 : 직원과 함께 자라는 아이템 인큐베이터, 구덕모
: 7장 : 필살기로 승부하는 하프타이머, 손병기

5장

권도균

역발상에서 길을 찾은 스타트업 멘토

권도균

이니텍Initech과 이니시스Inicis 설립자 겸 CEO를 역임한 대한민국 벤처의 산증인이자 상징적인 인물이다. 프레임을 뛰어넘는 발상의 전환으로 5개의 회사를 성공적으로 키워냈고, 그중 2개의 회사를 코스닥에 상장시켰다. 이후 성공의 정점에서 내려와 벤처의 꿈을 키우는 후배들을 돕는 스타트업 엑셀러레이터 프라이머primer를 이끌고 있다. 될성부른 떡잎을 알아보고 지원하는 클라우드와 같은 삶에서 새로운 길을 만들어가고 있다.

자신과는 관계없거나 아주 멀리 있는 것처럼 느껴지기도 하지만 누구나 기적을 바란다. 그리고 기적은 간절히 바라는 사람들에게 기적처럼 찾아간다. 자신의 꿈을 날마다 실천하는 어느 순간에 말이다. 이런 점에서 기적은 꿈이 완성되는 순간이라기보다는 꿈을 향해 즐겁게 달려가는 순간이 아닐까? 허그인 신성국 대표의 꿈은 여전히 진행형이지만 꿈을 향해 달려가는 그의 삶 자체가 우리에게 기적처럼 다가오는 것처럼 말이다. 그런데 신성국 대표처럼 가치 있는 꿈을 향해 사회에 출사표를 던지는 스타트업 startup 창업자들에게 실질적인 도움을 주는 것으로 나눔과 응원을 실천하는 사람이 있다. 스스로를 시험하고 가치 있는 목표를 실행함으로써 목표를 성취해 온 프라이머의 권도균 대표가 바로 그다.

역발상에서 길을 찾은 스타트업 멘토 권도균 대표는 대한민국 벤처의 산증인으로서 상징적인 인물이다. 그는 기존의 프레임을 인정하지 않으며 입보다는 손을 강조한다. 비전은 구체적인 실행력을 담보해야 하고, 자신의 장점을 캐내는 것부터 실행해야 한다고 주장한다. 이 때문에 그는 날마다 스스로를 시험하고 실행하는 것으로 자신의 생각이 옳다는 것을 입증하고 있다. 발상의 전환으로 인생 최고의 순간을 맞이한 그는 자신이 믿고 확신하는 대로 실천했고 결국 성공을 이뤄냈다.

톡톡 튀는 창업 아이디어로 승부하여 시대를 앞서가는 성과를 이뤄낸 그이기에, 지금의 그를 있게 한 삶의 굴곡을 들여다보는 것만으로도 많은 이들에게 큰 응원이 될 것 같았다. 지금도 수많은 예비 창업자들과 함께 호흡하며 자신의 역할과 책임을 실천하고 있지만, 개인적으로 그의 특별한 삶을 독자들과 좀 더 깊이 있게 나누고 싶었다. 기업가 정신을 가진 청년들을 발굴하여 도전할 수 있는 기회를 제공함으로써 성공할 수 있도록 도와주는 권도균 대표. 그를 만난 곳은 오래된 역사와 첨단문화가 교차하는 선정릉역 근처였다.

도균 불패의 신화를 만나다

무더운 6월 말 선정릉역 근처 1층 카페에서 권도균 대표를 만났다. 그는 50대 중반의 나이가 무색할 정도로 앳된 모습과 젊음의 기운을 간직하고 있었다. 오랜 세월 동안 미국에서 생활한 탓인지 타인의 시선이나 주변을 의식하지 않는 당당함과 여유로움이 느껴졌다. 같은 카페 다른 자리에서 이제 막 미팅을 끝내고 돌아온 그는 많은 사람들과 꿈을 나누며 살아가기 때문인지 무척 즐거워 보였다.

"정말 오랜만이네요. 그동안 많이 바쁘셨지요?"

인사를 주고받으며 서로의 얼굴에서 열심히 살아온 흔적을 읽는다. 오랜만에 만나도 서로에 대한 신뢰가 쌓여 있었기에 바로 어제 만난 듯한 친숙함이 느껴졌다. 희끗한 머리카락만이 세월의 흔적을 보여줄 뿐 옛날 모습 그대로였기에, 동아리 모임을 마치고 모인 것처럼 마음이 편안했다.

그는 벤처 1세대다. 5개의 회사를 설립하여 성공적으로 성장시켰고, 그중에 2개의 회사를 코스닥에 상장시켜 업계에서는 입지전적인 인물로 평가받고 있다. 그는 평범한 연구직 사원으로 출발하여 성공적인 사업가로 변신했다. 지금은 현역에서 은퇴한 후 벤처의 꿈을 키우는 후배들을 도와주는 스타트업 엑셀러레이터 프라이머의 대표로서 즐거운 일상을 보내고 있다.

그와 알고 지낸 지 벌써 30년의 세월이 지났다. 대학교 동아리 선후배로서 서로 다른 길을 걸어오다가 이 책이 인연이 되어 다시 만나게 된 것이다. 그동안 그와 만나 못 다한 이야기를 나누고 싶었지만 서로 바쁜 일정에 쫓기다 보니 만나지 못했다. 하지만 이 책이 제목처럼 우리 두 사람의 만남을 응원한 덕분인지 그와의 시간을 가장 우선순위에 놓고 준비한 끝에 결국 그와 마주하게 되었다.

"도균 불패의 신화를 드디어 만났군요. 그동안 권 대표님과 나누고 싶은 이야기가 참 많았기에 이번 미팅이 정말 기대됩니다."

창업은 그 자체로도 힘들지만 창업해서 성공하기란 더욱 어렵다. 이 때문에 당시의 척박한 상황에서 그가 어떻게 우리나라 전자지불업체 1인자가 될 수 있었을까 궁금했다. 그는 베이비붐 세대로서 어려운 시절을 보내며 직장생활을 했고, 독립한 뒤 도전을 거듭한 끝에 자기 분야의 정상에 섰다. 그러다 보니 과거와 달리 "개천에서 용이 날 수 없다."라는 자조 섞인 푸념이 난무하는 상황에서, 그가 이 시대의 젊은이들에게 보내고 싶은 메시지가 있지 않을까 하는 생각이 들었다. 또 그가 잘 나가던 사업을 일찍 정리하고 창업을 꿈꾸는 후배들을 돕는 일에 집중하게 된 이유도 궁금했다.

프레임에 갇히는 것의 위험
■ ■ ■

국내 인터넷 전자결제 서비스분야의 선두주자로 알려진 이니시스를 설립하여 코스닥에 상장시킨 사람이 바로 권도균 대표다. 그가 데이콤에서 나와 새로운 도전과 모험의 길을 선택했을 때 많은 사람들이 만류했다. 하지만 그의 선택은 결과적으로 미래를 내다보는 탁월한 선택이었다. 그렇다면 그가 안정적인 직장을 박차고 나와 모험을 하게 된 이유는 무엇일까?

"때가 되었다고 생각했어요. 할 수 있겠다고 판단했죠."

그의 대답은 의외로 간단했다. 할 수 있다고 판단했고 그 즉시 실행에 옮겼다는 것이다.

대부분의 사람들은 인생의 변곡점을 위기와 함께 경험한다. 사업이 망하거나 중병에 걸리는 등 위기상황을 맞이했을 때, 기존의 일을 접고 다른 일을 선택하는 경우가 많다는 얘기다. 하지만 그의 경우는 다르다. 자신이 좋아하고 잘할 수 있는 일에 집중했고, 이것이 계기가 되어 자신이 가야 할 길을 찾았다. 특별한 변곡점이 없다는 것은 그가 그만큼 삶을 체계적으로 관리해 왔고, 변곡점이 자신의 인생을 뒤흔들지 못하도록 미리 예비했기 때문이 아닐까?

권도균 대표와 만나는 동안 그가 불러일으키는 에너지가 큰 만큼 그와 나눌 시간이 많지 않다는 게 안타깝게 느껴졌다. 이 때문에 그와 꼭 나누고 싶었던 이야기, 아니 그의 생각을 들어보고 싶었던 주제부터 꺼내들었다.

"요즘 취업 때문에 힘들어하는 20대 청년들과 인생 2막을 열어가는 문제로 고민하는 5,60대 장년들에게 어떤 조언을 해주고 싶으세요?"

삼포·칠포세대로 일컬어지는 청년들의 취업에 대한 고민과, 은퇴 후 어떻게 살아갈까를 고민하는 장년층의 고민은 심각한 사회문제로 거론

된 지 오래다. 내몰리고 있는 이 두 세대가 당면한 문제를 헤쳐 나가기 위해 청년세대는 어떤 노력을 해야 하는지, 또한 장년세대는 어떤 시선으로 남은 생애를 바라봐야 할 것인지 그의 생각을 듣고 싶었다. 권도균 대표가 잠시 나를 바라보더니 이렇게 반문한다.

"인생 2막의 정확한 정의가 뭐지요? 그리고 왜 내몰린다고 생각하나요? 인생 2막이 그럴듯한 이야기인 것은 맞지만, 그런 말 자체가 프레임을 설정하는 것이 아닌가요?"

전혀 예상 못한 대답에 말문이 막혔다. 그의 관점에 의하면, 일단 임의로 틀을 설정한 뒤에 그것을 일방적으로 받아들이라고 요구하는 것은 문제라는 것이다. 그래서 '내몰린다'라는 말 자체도 피해자인 것처럼 선입견을 주기 때문에 동의하기 어렵다고 했다. 고정된 프레임에 갇히기를 거부하는 저항정신이랄까? 그는 학창시절에도 그랬던 것 같다. 상대방의 논리와 허점을 짚어내는 예리한 공학도였다.

고정된 프레임을 설정하지도 말고, 그렇게 설정된 프레임에 휘둘리지도 말라는 게 그의 논리였다. 그는 기존 프레임에서 말하는 현실을 인정하지 않는다. 그것을 인정하는 순간 의문의 1패를 당한다는 게 그의 주장이었다. 다시 말해 프레임에 갇히면 실패할 수밖에 없다는 것이다. 프레임은 스스로를 가두는 감옥이라고나 할까? 짧은 답변이었지만 다르게 생각하는 힘이 느껴졌다.

"하지만 인생 2막이란 결국 벌어진 상황이고 거기에 맞춰 준비를 해야 하는 것이 아닐까요?"

혹시나 하는 생각에 재차 인생 2막에 대한 준비 자세를 물어보았다.

"벌어진 상황을 보는 관점이 다른 것이지요."

관점이 다르다고 했지만, 고정된 프레임을 설정해서도 안 되고 설정된 프레임에 휘둘려서도 안 된다는 그의 생각은 분명했다. 곧이어 장년들에 대한 고민에서 20대 청년들의 문제로 이야기가 전환되었다.

"그런데 20대들이 꼭 위로를 받아야 하나요? 그 자체가 프레임인 거죠. 분명한 근거나 상황을 확인하고 그런 주장을 하는 것은 아니라고 봅니다. 다른 관점도 있을 수 있는 거지요."

역시 청년들의 현실을 바라볼 때도 고정된 프레임을 경계해야 한다는 논리였다. 어쩌면 우리는 잘 짜인 프레임에 익숙해져 버린 나머지 이면을 생각하는 힘을 상실했는지도 모른다. 그가 말하는 요지에 다시금 귀를 기울였다.

"젊은 친구들이 취업이 안 되어서 희망이 없는 것처럼 말하는 사람들이 있지만, 저는 그렇게 생각하지 않아요. 젊은이들을 피해자로 낙인 찍는 것은 문제가 있어요. 저는 조금 다르게 봅니다."

젊은이들은 피해자가 아니라는 얘기다. 그들이 위로만 받는 존재라면 사회에는 희망이 없다. 다른 현상을 볼 수 있어야 한다. 어쩌면 최근에 쏟아져 나온 책들이 이구동성으로 '너희들이 많은 고통을 겪었으니까 당연히 위로를 받아야 한다. 젊을 때는 고통스럽고 아픈 게 당연하니까 참을 수밖에 없다.'라고 프레임을 만들어 몰고 간 것은 아닐까? 그의 주장에 어느 정도 공감이 되었다.

"20대의 입장에서는 다 변명하고 싶고 고생한다고 말하고 싶겠지요. 그런데 이게 하나의 사회현상처럼 되면 이 시대 젊은이들은 불행한 세대가 됩니다. 그런 공기를 먹고 마시며 자란다면 어떻게 책임감 있는 개인으로 성장할 수 있겠습니까?"

섣부른 위로와 변명으로는 현실적인 문제를 해결할 수 없고, 하나의 사회현상으로 낙인을 찍어버리면 부정적인 프레임에 갇혀버려 헤어날 수가 없다는 것이다. 꾹꾹 누르듯 강조하는 그의 답변에서 시대를 아우르는 책임감이 느껴졌다.

"물론 사회적으로 책임을 다해야 하겠지만, 사회적인 책임과 개인의 책임 사이에는 균형이 필요합니다. 그런데 이런 이야기는 아무도 안 합니다. 이러다 보면 결국 우리 사회는 균형을 잃어버리고 맙니다."

사회적 책임과 개인의 책임 사이에 균형이 필요하다는 말은, 국가와 사회가 청년세대의 문제를 해결하기 위해 최선을 다해야 하지만 당사자인 청년 스스로도 노력해야 한다는 뜻이다. 청년들의 문제에 대해 당당히 자기 목소리를 내는 권 대표의 균형론이 가슴에 와 닿았다.

그렇다면 동일한 문제인식과 해법이 장년들에게도 적용될 수 있지 않을까? 척박한 현실은 청년들보다 장년들에게 더 치명적일 수밖에 없다. 재기의 기회나 만회의 시간이 제한되어 있기 때문이다. 하지만 청년들은 실패의 고통을 맛보더라도 포기하지 않는다면 다시 일어설 수 있다. 실패할 수밖에 없는 환경이라는 프레임에 갇히지 않는다면 새로운 기회를 얼마든지 만들어갈 수 있다는 얘기다.

세상과 자신에게 닥친 현실을 다르게 바라본다는 것은 어떤 의미일까? 어쩌면 그것은 생각을 넘어 실제로 다르게 살아가는 게 아닐까? "지금 20대는 불행하고 힘드니까 위로해야 한다."라고 의심 없이 인정하기보다는, 세상과 나 자신을 위해 지금 당장 할 수 있는 게 무엇인지 스스로에게 물어보는 게 먼저 아닐까? 또 자신이 나아가야 할 방향을 잡았을 때 주저 없이 실행하고 움직이는 게 중요하다는 생각이 들었다.

생각해 보자. 어쩌면 우리는 하루에도 수없이 많은 프레임에 스스로를 가두며 실패를 예약하고 있을지도 모른다.

'과연 내가 이 일을 해낼 수 있을까? 경험도 없는데.'

이런 말 자체도 결국 우리를 가두는 프레임이다. 이것을 깨뜨려야 한다. 결국 자기가 옳다고 생각하는 것을 지혜로운 방식으로 다루며 살아가는 게 중요하다는 얘기다. 기존 프레임을 벗어나 다르게 바라보고 다른 방식으로 실천하는 게 해결해야 할 과제로 남았다.

스스로를 시험하고 실행하라

"왜 그 좋은 직장을 버리고 창업하셨는지 꼭 물어보고 싶었습니다. 권 대표님, 진짜 그렇게 할 수밖에 없었나요?"

"스스로를 시험하고 실행해 보는 것이 무엇보다 중요했기 때문이죠. 남들이 가지 않는 곳으로 가야 차별화시킬 수 있지 않을까요?"

권도균 대표는 데이콤이라는 안정된 직장을 뛰쳐나갔다. 하지만 그 전에 끊임없이 자신을 시험했는데, 당시 다른 사람들이 관심을 갖지 않았던 전자지불과 전자금융분야에 몰두한 것도 하나의 사례다. 비싼 돈을 들여 유닉스 워크스테이션을 설치해서 오랜 기간 자신이 꿈꾸던 솔루션을 개발하는 데 심혈을 기울였다. 물론 이런 시도들은 누가 시킨 게 아니라 모두 스스로 결단하고 실행에 옮긴 것들이다. 남들이 가지 않는 곳으로 가야 진정한 차별화가 가능하다.

그렇게 스스로를 시험하며 가능성을 타진하던 어느 날, 그는 자신이 오랫동안 꿈꾸었던 것을 시작하기로 결심하고 창업의 길로 들어섰다. 만일 그가 스스로를 시험하고 도전하지 않았다면 오늘의 성공은 없었을 것이다. 그렇게 사업을 시작한 그는 고객의 소리에 귀를 기울이며 문제 해결을 위해 끊임없이 노력했고, 어느 순간 전자지불 분야에서 최고의 반열에 올랐다.

"도전정신과 실험정신이야말로 오늘의 권 대표님을 있게 한 일등공신이네요."

"스스로 즐길 수 있었기에 오래 지속할 수 있었던 것 같아요."

도전과 실험을 즐기는 자세와 고객의 니즈에 대한 끊임없는 연구와 실행이야말로 그를 특징짓는 단어다. 이렇게 보면 응원 또한 제대로 즐겨야만 지속할 수 있지 않을까? 신성국 대표가 나눔의 일상화를 위해 끊임없이 도전하는 삶을 이어가는 것도 결국 나눔을 즐길 수 있었기에 가능했다. 이런 점에서 권도균 대표가 도전과 실험을 즐기는 것도 결국 스스로의 가능성을 시험하고 응원하는 게 아닐까?

의무감이나 책임감으로 응원을 이어가는 데는 분명 한계가 있기에, 응원 또한 즐기면서 즐겁게 해야 한다. 노력하는 사람도 당하지 못하는 게 즐기는 사람이라 하지 않던가.

"그런데 왜 잘 나가던 회사를 접고 스타트업 엑셀러레이터 프라이머를 세웠는지 궁금합니다. 기존에 경영하던 회사를 통해서도 얼마든지 직원 고용이라든가 사회에 기여할 수 있는 일들이 많았을 텐데요."

"저에게 주어진 시대적 소명이라고 할까요? 누구에게나 잠재력이 있으니 창업을 꿈꾸는 사람들이 자신의 가능성을 발견하도록 도움을 주고 싶다고 생각했죠. 제가 돕는다면 그들이 훨씬 더 빨리 성공할 수 있지 않을까 하는 생각에 스타트업을 양성하는 쪽으로 눈을 돌리게 되었어요."

창업가 후배들을 도와주려는 그의 열정은 다음 세대에 대한 책임감에서 기인했다고 볼 수 있다. 전문가들의 지식과 노하우 공유는 이 시대가 가장 필요로 하는 지식 나눔 활동이다. 권도균 대표는 여러 차례 벤처사업을 성공시켰는데, 선배 세대의 이런 지식과 경험이야말로 돈으로 환산할 수 없는 값진 자산이다. 그는 청년 창업가들에게 도움을 주고 싶어서 직접 만나 이야기를 들어주고 조언한다. 그리고 우수한 사업아이템이 있는 사람에게는 투자를 아끼지 않는다. 스스로의 선택에 의한 자발적 활동이기에 그만큼 보람도 크다.

"우리 사회가 청년들에게 더 많이 더 자유롭게 자신의 개성과 잠재력을 실험하고 도전해 볼 기회를 열어준다면 개인도 행복하고 사회도 다양성을 품으며 건강하게 되지 않을까요?"

후배들에게 자신의 개성과 잠재력을 시험하고 도전해 볼 기회를 열어주자는 생각에 공감이 갔다. 우리 사회는 다음 세대가 활동할 수 있는 공간을 마련하고 기회를 제공하는 데 최선을 다해야 한다. 청년들 스스로도 '스스로를 시험해 보자.'라는 정신으로 도전해야 한다. 남들이 가지 않는 곳에 먼저 가야 블루오션을 개척해 파이를 키울 수 있다. 자신에게 어떤 강점이 있는지 찾아보고 끊임없이 스스로를 시험하고 실행해야 한다. 권도균 대표가 보내는 응원의 메시지를 들어보자.

"두려워하지 마세요. 겸손하게 도전하면 길이 보일 거예요."

입보다는 손과 발이 먼저다
■ ■ ■

"준비하지 말고 원래 하려던 것을 지금 당장 실행하세요."

여기에는 생각하는 데 시간을 낭비하다가 정작 실행하지 못하는 것을 경계하자는 의미가 담겨 있다. 권도균 대표에게는 일반인들과는 다른 시선과 차별화되는 관점이 있다. "배워서 실행하라."라고 주장하기보다는 "실행해서 배우라."라는 것이 그의 지론이다. 어찌 보면 굉장히 역설적이다. 그에게 있어 진정한 배움은 머리나 입 근처에서 노는 책상 이론이 아니다. 현장에서, 손과 발 근처에서 부지런히 움직이는 실행을 통해 진정한 배움을 얻을 수 있다는 게 그의 생각이다. 자기 노력으로 무언가를 만들어낼 때 배우게 되는 경험학습과 같다.

"창업은 공부하고 자격을 갖추고 인증 받아 하는 게 아닙니다. 공부해서 머리로 하는 것과 창업은 다른 것이에요. 고객을 만나는 것을 통해 배우고 발전해야 합니다."

기업이나 벤처 창업만이 창업은 아니다. 사실 삶 자체가 창업이며, 살아가는 동안 크든 작든 자신이 원하는 것을 얻기 위해 선택과 결정을 하는 우리 모두는 어찌 보면 인생의 창업자들이다. 그런데 본격적인 창업의 현장에서도 우리는 수많은 선택과 결정을 해야 한다. 이때 중요한 것은 많은 지식이 아니다. 현장에서 써먹을 수 있는 문제해결능력이 중요하다. 자신의 손과 발을 통해 실행할 때, 이른바 동사형 인간이 될 때 진정으로 원하는 것을 얻을 수 있고 가치 있는 것을 이룰 수 있다. 권도균 대표는 1인 창업의 효율성과 실행력을 강조한다. 규모보다는 실행이 우선이다. 말하자면 걷지도 못하면서 뛰려고 생각해서는 안 된다는 것이다.

한때는 나도 입으로 살아간 시절이 있다. 직접 움직이기보다는 시키는 것을 좋아했고 다른 사람의 손과 발을 이용해 모든 것을 해결하려고 했다. 사소한 것조차 다른 사람의 손을 빌렸다. 그러나 막상 위기가 닥쳤을 때 스스로 해결할 수 있는 게 많지 않다는 것을 깨달았다. 결과 또한 처참했다. 1인 기업가처럼 산 것이 아니라 대규모 조직의 관리자처럼 행세하려 했으니 바뀐 상황에 어떻게 적응할 수 있겠는가. 살아남으려면 생각을 바꾸어야 했다. 시간이 지나면서 결국 내가 먼저 움직여야 한다는 것을 깨닫게 되었다. 그렇다면 1인 기업가로 살아가는 우리에게 가장 필요한 정신은 무엇일까?

"자기 일에 대한 확고한 철학이 있어야 해요. 남과 비교하면 실패한 겁니다. 자기 일에서 의미를 발견하고 그 일에 만족한다면 뭐가 더 필요하겠습니까?"

돈을 많이 벌거나 명예를 가진 사람 가운데도 스스로에게 만족하지 못하는 경우가 많다. 아무리 돈이 많고 높은 지위에 오른다 해도 만족이 없다면 불행할 수밖에 없지 않을까? 그렇다면 권도균 대표의 조언처럼 자기 일에 만족하고 거기서 의미를 발견하며 살아가는 것만이 한 번뿐인 인생을 후회 없이 살아가는 방법이리라. 그렇다면 돈보다는 마음이 가는 일을 선택하여 그 분야에서 최고가 되려고 노력하는 가운데, 우리가 꼭 기억해야 할 것은 뭘까?

"우리 모두에게는 크든 작든 자기만의 특별함이 있는데, 그 특별함을 끄집어내서 가장 좋아하고 잘할 수 있는 것과 일치시키는 작업을 해야 하지 않을까요?"

누구에게나 특별함이 있다는 것은 알고 있지만, 그것을 끄집어내는 것은 전혀 다른 문제다. 일단 자신이 좋아하는 것이나 관심이 가는 것을 찾아내고 거기에 몰입해 봐야 한다. 그동안 무엇을 하며 살아왔고 어떤 일에 흥미를 가지고 있으며 그 일에 얼마나 몰입했는지, 또 실제로 무엇을 시도해 왔는지를 살펴보면 된다.

세상에 그저 얻어지는 것은 없다. 한 분야의 정점에 서는 것도 마찬가지다. 끊임없이 내공을 쌓아가는 지난한 과정을 통해 이루어지는 것이다. 그런데 굳이 정점에 서려고 하지 않더라도 자기만의 독특한 콘텐츠를 만들려고 끊임없이 시도해야 한다. 이렇게 날마다 콘텐츠를 축적해 나갈 때 어느 순간 안개가 걷히고 길이 환하게 열리지 않을까?

우리 시대 청년들의 현실은 심각하다. 하지만 세상 탓으로 돌리며 낙담하고 좌절하며 원망하는 것으로는 꿈을 이루기는커녕 현실조차 극복할 수 없다. 그러니 권도균 대표처럼 현실을 조금은 다른 시선으로 바라봐야 하지 않을까? 철저한 자기관리와 실행력으로 모두가 불가능한 것처럼 말하는 현실을 향해 도전해야 하지 않을까?

권도균 대표가 자기 삶을 통해 모범을 보여준 이런 도전에는 자신을 시험하는 지난한 반복과 노력의 땀방울도, 사소한 우연을 포착하여 자기만의 필연으로 만드는 끈기와 집중력도 필요할 것이다. 그가 말하는 실행력이라는 것도 따지고 보면 끈기에 바탕을 둔 자기관리에서 나오는 게 아닐까?

오늘 실행한 자신의 삶이 내일의 미래를 만든다. 손과 발을 이용하여 이상을 현실에 구현하려고 노력할 때만이 다가오는 기회를 자신의 것으로 만들 수 있다.

인생 최고의 순간, 발상의 전환으로 출발하라

■ ■ ■

이 시대의 역할모델로 살아가는 권도균 대표가 오늘의 젊은이들에게 던지는 메시지에는 힘이 있다. 그의 삶은 역설의 DNA로 가득 차 있다. 그는 인생의 정점에서 발상을 전환하여 의미 있는 삶을 향해 열정을 불태움으로써 끊임없이 새로운 출발을 모색했다. 모든 사람이 한 쪽 방향으로 쏠리며 그 길로 나아갈 때, 그는 다른 쪽에서 길을 찾았다. 산꼭대기에 이르러 정상 정복의 기쁨을 만끽할 것이라고 생각하는 순간, 그는 주저하지 않고 다음 단계로 넘어갔다. 돈을 벌 수 있는 엄청난 기회와 가능성을 포기한 채 남들이 주목하지 않았던 벤처 후학 양성이라는 가치를 향해 방향을 전환했다. 또 다른 차원의 성공을 향해 스스로를 시험하기 시작한 것이다.

"다른 사람이 편의적으로 설정한 일에 들러리를 서면서 인생을 낭비하지 마세요. 자신이 의미를 느끼고 주도하는 일에 인생을 불태우고 있는지 돌아보세요."

마지막으로 현재 우리나라 거의 모든 세대가 함께 직면하고 있는 문제에 대한 해법을 물어보았다. 50대 중후반의 사람에게는 20대 초중반의 자녀가 있기 때문에 결국 이들의 문제는 맞물려있는 톱니바퀴와 같다. 20대 청년들과 5,60대 장년들이 겪는 개인적·사회적 어려움을 동시에 해결하는 방법은 없을까? 우리 사회의 전체적인 흐름을 개선하여 선순환을 이끌어낼 수는 없을까? 그렇다면 그들과 어떤 방식으로 소통하고 어떻게 응원해야 할까?

"문제만 지적해서는 해결되지 않습니다. 우선 사회에서 그리고 자기 영역에서 제 역할을 감당해야 한다고 봅니다. 그리고 대안이 없다면 문제를 이야기하지 않는 편이 낫습니다. 대안을 낼 수 없다는 것은 결국 자기 영역이 아니라는 얘기니까요."

문제만 이야기해서는 해결책을 찾을 수 없다. 대안을 제시할 수 있어야 한다. 어떤 게 문제라고 생각한다면 대안을 제시하고, 그 대안이 옳다고 여기면 실행하면 된다. 결국 말보다는 실행이라는 처음 이야기로 돌아간다. 문제만 얘기하기보다는 각자의 영역에서 자기 역할을 제대로 감당하라는 것이다.

오늘날 대부분의 사람들은 저마다 성공을 추구하며 살아가지만, 정작 정점에 서면 성공에 도취하여 내려올 때를 놓치고 만다. 아니면 머뭇거리다가 비난을 한 몸에 받으며 끝내 실패의 전철을 밟고 만다. 의미와 가치를 추구하는 삶은 결코 쉬운 게 아니다. 인생을 멀리 볼 수 있어야 가능하다. 확고한 철학과 명확한 비전을 설정한 뒤 실행으로 입증해야 한다. 그가 존경받는 이유는 바로 이 쉽지 않은 일을 지금까지 하고 있기 때문이다. 인터뷰를 마치며 권도균 대표가 남긴 마지막 말은 실행의 중요성을 강조하며 강한 울림으로 남았다.

"모든 사람은 주체적인 개인으로서 자신이 옳다고 생각하는 바를 실천하면 됩니다. 결국 자신의 선택에 따라 행동하고 거기에 책임지면 되는 것이죠. 그렇기 때문에 자존감을 가져야 합니다."

실행을 강조하는 권도균 대표가 프라이머를 만들어 운영하고 있다는 것은 창업준비생들에게는 엄청난 행운이다. 될성부른 떡잎을 알아보고 기꺼이 단비를 내려주는 클라우드처럼 그는 스타트업 창업준비생들에게 응원의 아이콘 그 자체다.

권도균 대표와 미팅을 마치고 돌아서며, 또 다른 권도균들이 나타나 더 많은 권도균들을 응원하는 날을 떠올려보았다. 결국 응원은 가치 있는 꿈을 가진 사람들이 하나둘 모여들어 함께 어깨동무하며 길을 넓혀가는 것이기에 가능한 꿈이 아닐까? 이런 점에서 가족친화적 경영으로 직원들에게 응원의 클라우드로 자리 잡은 짐펙트의 구덕모 대표가 떠오른다. 회사의 먹거리를 고민하며 끊임없이 사업 아이템을 구상하고 있는 그의 삶도 결코 평범하지 않다. 그에게서는 또 어떤 응원을 받을까?

6장

구덕모

직원과 함께 자라는 아이템 인큐베이터

구덕모

가족이 행복한 회사의 CEO가 되기 위해 날마다 꿈꾸고 궁리한다. 한때 영업직 종사자로 실패를 거듭했지만, 자신이 가장 좋아하는 일과 영업의 핵심이 서로 통함을 깨닫고 의미부여를 통해 성공적인 비즈니스맨으로 거듭났다. 인정받는 미래가 예약된 직장인의 삶을 뒤로 한 채, 고객과 함께 미래를 설계하여 삶의 질을 높이는 짐팩트G-impact의 대표로 일하고 있다.

직장인이라면 가장 어려워하는 분야가 한두 곳쯤 있을 것이다. 성격이나 재능에 따라 다른 반응이 나올 수도 있지만, 사람을 상대하는 분야에서 근무하라고 하면 고개를 절레절레 흔들 사람이 제법 많다. 그만큼 힘들다는 얘기다. 제법 성격 좋은 사람도 막상 무조건 참아야 하거나 누군가를 설득해서 제품을 팔아보라고 하면 맥없이 나가떨어지기 일쑤다. 사람을 상대하는 일은 그래서 아무나 할 수 없는 일이다.

하지만 이런 힘든 분야와 궁합이 맞는 사람들도 있다. 스타트업 멘토 권도균 대표가 이야기했던 것처럼 자신을 향한 끊임없는 실험과 거침없는 실행을 영업에서 실천한 짐팩트의 구덕모 대표가 바로 그런 사람이다. 그는 가족이 행복한 회사, 입사하고 싶은 회사를 만들기 위해 고군분투하고 있다.

구덕모 대표는 자신이 몸담을 것이라고는 전혀 예상치 못했던 영업직 종사자로 비즈니스에 첫발을 내디딘 이래, 현실에 안주하지 않고 도전에 도전을 거듭하여 창업을 성공시키고 있다. 지금의 그는 아이템 하나하나에서 먹고 사는 길을 찾아내는 사람이지만, 그는 원래 세일즈맨이 아니었다. 대학 캠퍼스에서 간사로 살아오다가 삶의 방향을 180도 바꾼 뒤 영업 분야에서 성공을 개척하고 있는 독특한 유형의 비즈니스맨이다.

그렇다면 사람들의 삶의 질을 높이고 영감을 주고 있는 짐팩트의 전문경영인 구덕모 대표가 전임사역자의 길을 떠나 낯선 영업 분야로 들어선 까닭은 뭘까? 그는 도대체 어떤 노하우가 있었기에 경쟁이 치열한 곳으로 손꼽히는 영업 분야에서 성공하는 CEO로 거듭날 수 있었을까? 전혀 다른 분야로 전업하여 상당한 규모의 사업을 성공적으로 이끌어가는 그만의 비전과 노하우, 경영의 즐거움에 대해 들어보고 싶었다.

어떻게 보면 예비 직장인들이 입사하고 싶어 하는 기업, 직원들과 그 가족이 행복한 기업을 꿈꾸는 CEO의 마인드는 그 자체로 많은 사람들을 향한 응원의 메시지다. 평생직장이라는 개념이 사라진 시대에 회사에 몸담은 이들은 물론이고 그 가족까지 행복하다 말할 수 있다면, 이보다 더 큰 만족이 어디 있겠는가? 이런 의미에서 구덕모 대표가 추구하는 가치는 단순히 수익을 창출하는 기업의 범주를 넘어, 직원들이 꿈을 설계하도록 적극적으로 응원한다는 점에서 무엇보다 소중하다고 할 수 있다. 그렇다면 그의 가치는 직원들을 어떤 방식으로 응원하고 있을까?

가족이 행복한 회사, 구덕모가 간다
■ ■ ■

"구 대표님, 그동안 잘 지내셨어요? 사업을 다방면으로 확장하고 있다고 들었습니다."

무척이나 독특한 이력의 소유자 구덕모 대표를 만난 때는 2016년 4월 중순 어느 날 저녁이었다. 그는 대학 캠퍼스 간사에서 보험회사 영업사원으로 전직을 했고, 잘 나가던 보험회사를 돌연 사직한 뒤 새로운 사업을 시작하였다. 그 사업이 어느 정도 궤도에 오르면서 성공적인 회사 운영으로, 특히 가족이 행복한 회사로 사람들의 입소문을 타고 있던 터였다.

"짐팩트가 가족이 행복한 회사로 많이 알려져 있던데 다른 회사와 어떤 차별화된 특징이 있는지요?"

구덕모 대표에게 가족은 특별하다. 오죽하면 회사 철학을 정하면서 개인과 가족의 행복이 회사보다 더 중요하다고 했을까. 짐팩트는 직원의 생일마다 아침 미팅 때 김밥파티를 함께한다. 조촐하지만 가족처럼 따뜻한 정을 주고받는 기업문화를 만들 수 있어 행복하다는 그는 정말 좋은 회사를 만들고 싶다는 열망으로 가득했다. 고객에게는 문제 해결과 행복을, 직원에게는 저녁이 있는 삶과 성장하는 삶을 보장하는 근사한 회사를 꿈꾸고 있다. 이 회사에는 직원을 소중히 여기는 기업문화가 있다. 직원이 없으면 회사도 없으니 말이다.

그렇다면 직원복지가 잘 되어 있는 기업과 짐팩트의 차이점은 뭘까? 그중에서 가장 대표적인 것은 직원들에게 돈을 벌고 싶은 만큼 벌게 해주는 맞춤형 컨설팅을 제공하는 것이다.

"저희 직원 중에는 딱 150만 원이면 족하다는 분도 있어요. 그러면 그만큼만 벌도록 합니다."

맞벌이의 경우 가족의 동의를 얻은 짐팩트 직원이 150만 원까지만 벌고 나머지 시간은 가족을 위해 활용하겠다고 한다면, 직원들의 요구에 맞게 최적의 시스템을 제공한다. 출퇴근 시간도 조정해주고 회사규정에 맞추라고 강요하지도 않는다. 이 회사의 또 다른 특징은 회사 오기 싫은 날 문자로 월차를 신청하면 된다는 것이다. 또 회식은 점심시간에 한다. 가족과 함께 저녁시간을 보내도록 권장하기 때문이다. 그런데 앞에서 언급한 두 가지 외에도 상당히 재미있는 특징이 있는데 바로 시간복지다.

"시간이야말로 최고의 복지가 아닐까요? 짐팩트는 퇴근시간을 체크하지 않습니다. 보고서 자체를 없애버렸고 카카오톡 메시지로 바꾸었어요. '창원에 갑니다'라고 메시지가 오면 '오케이'로 답하죠."

시간에 얽매이지 않고 자기가 원하는 대로 사용하게 하니 얼마나 놀라운가! 이 회사는 주3일 근무를 기본으로 하고 목요일과 금요일에는 다른 일을 할 수 있도록 배려하고 있다. 더 나아가 출퇴근 시간과 근무할 요일도 조정할 수 있다. 한 가지 사례를 들어보면, 퇴사 희망자가 있었는데 퇴사 이유가 회사를 그만 두고 집을 짓겠다는 것이었다. 구덕모 대표가 그 직원에게 집을 짓는 데 며칠이 걸리는지 물어보자 1주일에 4일이 필요하다고 했다.

"좋아요. 그럼 월요일과 화요일만 출근하도록 해요."

구덕모 대표는 이렇게 직원의 편의를 최대한 맞춰주는 경영을 하고 있다. 세상에 이런 직장이 또 어디에 있을까? 지치고 찌든 직장인들의 입장에서는 로망과도 같은 이야기가 아닌가? 이 회사는 1등에게 많은 혜택을 주는 경쟁문화를 추구하지 않는다. 예컨대 보라카이 해외연수는 실적에 따른 여행이 아니다. 동료니까 같이 가는 것이다. 일 잘하는 사람을 박수 치며 응원하지만, 못하는 사람을 도태시키지도 않는다. 함께 성장하는 기업문화를 추구한다. 언뜻 하향평준화가 아닌가 생각할 수도 있지만, 짐팩트의 기업문화에 젖어들면 어느 누구 할 것 없이 모두가 존중받고 있다는 느낌 때문에 더 열심히 즐겁게 일하게 된다고 한다. 짐팩트는 '차별하는 응원'이 아니라 '자존감을 높이는 응원'으로 직원들에게 동기부여를 하고 있었다. 자존감 또한 프라이머 권도균 대표가 강조하던 게 아닌가?

회사가 진정으로 직원을 배려하고 있다고 느낀 게 하나 더 있는데 바로 간식냉장고다. 구덕모 대표는 간식냉장고에 음료수나 간식을 가득 채워 두고 마음껏 먹도록 한다. 예전에 직원으로 일하던 시절, 그는 실적이 좋으면 마음껏 먹을 수 있었지만 그렇지 못하면 하나를 꺼내도 눈치가 보였다고 한다. 혹시라도 그런 직원이 있을까봐 눈치 볼 필요 없이 마음껏 먹을 수 있도록 했다.

회사가 직원을 위하는 정책 가운데 백미는 '행복을 찾아서'라는 여행 프로그램이다. 바빠서 단 하루도 빼지 못하는 사람들을 위한 대책이다. 아빠가 자녀들을 데리고 여행을 가도록 회사가 지원해준다. 그날만큼은 아빠는 아이들과 소통의 기회로 삼고 엄마에게는 휴가를 주는 것이다. 이날 엄마에게는 가사도우미 4시간 이용권이 제공된다. 물론 경비는 회사가 부담한다.

"아이가 너무 좋아해요. 다음에는 다른 곳으로 여행하자고 벌써부터 조르고 있어요."

엄마들이 이구동성으로 대환영이라고 한다. 이 정도의 기업이라면 '나도 다녀볼까?' 하는 생각이 들 정도다.

직원들이 원하는 만큼 행복하게 일하게 하고, 고객에게 혜택이 돌아가는 것을 중요한 가치로 삼고 노력하는 구덕모 대표. 어떤 점에서 그는 직원과 고객의 중간에서 양쪽의 손을 잡고 함께 상생하는 길을 걸어가는 중개자다. 영업직원들이 고객만을 상대한다면, 구덕모 대표는 양쪽 모두가 만족하고 행복하도록 맞춤형 필요를 채워주는 이상적인 응원형 마케터라고 할까?

"직원들이 만족하고 즐거워해야 대표인 저도 즐겁고 행복하더라고요."

그는 직원들의 가려운 곳을 긁어주고 그들에게 필요한 맞춤형 솔루션을 제공함으로써, 직원들이 맡은 일에 최선을 다해 몰입하도록 이끌어가고 있다.

좋아하는 일이지만 용기가 필요했다

■ ■ ■

　땅거미가 내려앉기 시작하던 초여름 저녁, 대학 캠퍼스 간사직을 사임한 그는 빛을 잃어버린 해처럼 멍하니 하늘만 쳐다보고 있었다. 아침에 문을 나섰지만 막상 갈 데가 없었다.

　'오늘 하루는 또 어떻게 보내야 하나? 이 나이에 무엇을 할 수 있을까?'

　걱정이 태산같이 밀려오기 시작했다.

　"그때 제 나이가 33세였는데 정말 무서웠습니다. 신학교에 가는 것까지 선택지로 놓고 온갖 고민을 다했지요. 당시에는 직장생활에 대한 두려움이 무척 컸던 것 같아요."

　캠퍼스 간사 7년차 때, 그는 직장을 그만둬야 했다. 일을 더 하고 싶었으나 뜻대로 되지 않았고, 취직하려고 하니 이력서에 쓸 것도 없었고 낼 만한 곳도 없었다. 운전면허증 외에는 이력서에 올릴 만한 게 아무것도 없었다. 대학교 선교단체 350명의 학생을 책임지는 위치에서 백수로 전락한 순간 자신이 세상에서 도태된 것 같았다. 결혼을 했으니 가족을 부양해야 하는데 당장 먹고 살 길이 막막했다.

　요즘처럼 불황기에, 더구나 스펙을 잘 갖춘 대학 졸업예정자들도 힘겨워하는 시기에 경력이라곤 전무한 33세의 남자가 사회에 진출하기란 결코 쉬운 일이 아니었다. 당시 그는 바람에 흔들리는 묘목처럼 이리 흔들리고 저리 흔들렸다.

　돌아보면 20대 중반에 캠퍼스 간사로 진로를 정할 때도 갈등이 많았다. 30년 동안 노점상을 해온 부모님을 생각하면 당연히 벌이가 괜찮은 직업을 구해야 했다. 하지만 그는 조금 다른 선택을 했다.

"아버지, 저 간사하려고 합니다."

당연히 집안의 반대가 심했다. 회사로 갈 수 있는 기회를 뿌리치고 굳이 배고픈 길로 들어섰기 때문이다.

"너, 제발 자원봉사 그만둬라."

캠퍼스 간사가 무엇인지 모르는 아버지가 자원봉사를 그만두라고 책망했을 때, 그는 적잖은 용기가 필요했다. 하지만 막상 간사를 사임하게 되자 아버지는 목회를 권했다.

"아버지, 죄송해요. 저 직장에 가려고 합니다. 신학교는 안 갑니다."

"너, 돈 때문에 그러니? 내가 돈 벌어서 도와줄게. 내 말 좀 들어."

그런데 그는 왜 목회를 하지 않고 일반 직장으로 가려고 했을까? 그 동안 훈련받은 것과 캠퍼스 간사 경험이라면 목회자로 섬기기에 부족함이 없었을 텐데 말이다. 또한 전임 선배들의 사례를 보더라도 목회자 코스는 1순위로 선택할 만했다. 그런데도 그가 가시밭길을 선택한 데는 그럴만한 이유가 있었다.

캠퍼스 간사를 그만두고 진로를 모색하며 갈팡질팡하던 가운데, 그는 자신의 멘토였던 선배간사를 찾아가 상담을 청했다. 그런데 그에게서 전혀 뜻밖의 답을 듣게 된 것이다.

"대표간사님, 저 어떻게 하면 좋겠습니까?"

"너는 직장에 가는 게 좋겠다."

멘토는 거두절미하고 직장을 권했다. 설사 목회를 하더라도 직장 경험은 필요하다는 것이다. 신뢰하던 멘토의 조언을 받아든 그는 결국 취업하기로 마음먹었다. 하지만 다짐과는 달리 직장생활에 대해 아는 것도 준비된 것도 없었다. 한 번도 가보지 않은 낯설고 두려운 길이었기에, 그는 대학을 졸업하며 캠퍼스 간사를 지원할 때보다 더 큰 용기를 내야 했다.

'내가 가진 게 뭘까? 나는 과연 무엇을 할 수 있지?'

생각할수록 머리가 복잡해졌다.

"여보, 내가 잘할 수 있을 것 같아? 막상 결정은 했지만 자신이 없어."

"잘할 수 있을 거예요. 나는 당신을 믿어요."

그에게 캠퍼스 간사로서의 삶은 인생 전체를 놓고 볼 때 종착역이 아니라 중간 기착지에 불과했다. 이 때문에 그는 이런 불안감을 당연하게 받아들이기로 했다. 캠퍼스 간사가 되기로 결정한 것이 좋아하는 일에 대한 용기라면, 직장생활을 하겠다는 결단은 미지의 영역에 대한 도전이었기에 더 큰 용기를 필요로 했다. 그렇다면 인생의 변곡점에서 그로 하여금 자신을 응원하며 일어서게 했던 힘은 무엇이었으며, 무장해제 당한 채 사회로 나아가야 했던 그는 어떻게 위기를 기회로 바꾸었을까?

가장 힘든 영업을 선택한 이유

■ ■ ■

"간사님!"

신출내기 직장인으로 변신한 뒤 처음 멘토를 찾은 그는 결국 참았던 울음을 터뜨리고 말았다. 그의 멘토는 덩치 큰 그가 울음을 멈출 때까지 말없이 안아주었다.

"두세 달 정도 바닥을 헤매다가 멘토 간사님을 만나러 갔어요. 아마도 제가 직장으로 가도록 조언을 했던 터라 많이 걱정했을 거예요. 그런데 직장생활에 대해 이야기를 나눈 뒤 헤어지면서 힘내라고 안아주셨는데 그만 30분간 울고 말았죠. 눈물이 멈추지 않는 거예요. 아버지처럼 대해주셨던 분이라 저도 마음 놓고 울 수 있었어요."

구덕모 대표가 처음 택한 직업은 보험 영업이었다. 마침 한화금융네트워크가 구덕모 대표가 살던 지역에서 일할 사람을 찾고 있던 시점이라 운 좋게 연결된 것이다. 운전면허증 하나만 가지고 이 회사에 1호 멤버로 합격이 되었다. 하지만 출근해 보니 지점장 한 명에 매니저 한 명, 그리고 자기까지 세 명이 전부였다. 50평 정도의 사무실에 책상 50여 개만 있을 뿐 직원들은 보이지 않았다.

"제가 어느 자리에 앉으면 되나요?"

"앉고 싶은 자리에 마음대로 앉아도 됩니다."

당시에 사람들은 왕초보가 보험을 한다고 걱정이 많았는데, 그는 보험영업 세일즈맨으로서 주식·펀드·부동산을 공부했지만 만날 사람이 없었다. 뭔가를 판매해야 하지만 어떻게 해야 할지 막막했다. 아내에게는 잘될 거라고 큰소리를 쳤지만 잘못 선택한 것일지도 모른다는 두려움이 밀려왔다.

'목회를 해야 하는 게 아닐까?'

또다시 근본적인 고민이 찾아왔다. 특히 고객이 보험에 대해 묻는 날에는 정체성의 혼란이 일어나기까지 했다.

'내가 도대체 여기서 뭘 하고 있는 거지?'

하루하루가 지옥이던 어느 날, 보험업계 관계자 한 사람을 만나게 되었다. 말하자면 보험 멘토인 셈이다. 그 사람으로부터 세일즈란 '뭔가를 파는 것'이 아니라 '어려움을 해결해 주는 솔루션을 제공하는 것'이라는 사실을 배우게 되었다.

'바로 이거구나! 문제해결 솔루션을 통하여 한 사람의 인생을 책임지면 되는구나.'

생각해 보니 캠퍼스 간사로 일하는 것도 생명을 살리는 것이고 보험도 사람들에게 필요한 것을 제공함으로써 희망을 주는 것이다. 둘 다 누군가에게 도움이 되는 것을 찾아가는 것이니 근본적으로 통하는 것이었다.

'한 사람의 인생이 아름답게 피어나도록 책임지는 것과 고객을 유익하게 하는 것은 결국 같은 거잖아!'

자신의 존재의미와 현재 하는 일이 연결되면서 보험 영업이 다르게 보이기 시작했다. 우선 자신감이 생겼다. 더 이상 사람 만나는 게 두렵지 않았고 영업이 너무도 하고 싶어졌다. 그때부터 성과가 나타나기 시작했고, 도움 받은 사람들이 행복해 하는 모습을 보면서 보람을 찾게 되었다. 폭풍성장은 당연했다.

"사람마다 고비가 있는데, 구덕모 대표는 보험영업에서 의미를 찾고 난 이후부터 눈부신 성과를 내기 시작했군요."

"네, 한 고비를 넘기니 자신감도 생기고 일이 두렵지 않았습니다."

결국 전국 10위권 내에 드는 우수 직원으로 선정되어 표창까지 받았다. 게다가 업계에 이름이 알려지면서 입소문을 듣고 찾아오는 사람들까지 생기기 시작했다. 책을 내 보라는 출판계의 권유도 들어왔고 회사에서도 승승장구하게 되었다.

그가 영업을 하면서 크게 달라진 점은 낮은 마음을 품게 되었다는 점이다. 자신의 자리를 지키기 위해 마음의 상처로 아파하면서도 눈물을 참으며 출근하는 직장인들을 이해하기 시작한 것이다. 회사에 출근하면 날마다 전 직원의 실적이 나온다. 순서가 올라가거나 내려가면서 치열한 경쟁을 펼친다.

'내가 다음 달에도 출근할 수 있을까?'

'다들 이렇게 두려움과 불안감을 가지고 일했겠구나.'

캠퍼스 간사로 일할 때 직장인들에게 '힘내라'는 말 한 번 제대로 해주지 못했던 자신에 대한 반성으로, 그는 직장인들을 만날 때마다 "그때 정말 미안했다."라고 이야기한다. 작은 말 한 마디로 담아낸 응원이라 하더라도 날마다 업무와 관계의 무게를 힘겹게 버텨나가는 직장인들에게는 큰 힘이 된다는 것을 몸으로 체득했기 때문이다.

구덕모 대표는 '어떤 일을 하느냐'보다 그 일을 '어떤 자세로 하느냐'가 더 중요하다는 것을 삶으로 보여주었다. 그는 바뀐 환경에서 처음에는 고전했지만 일의 의미를 발견하고는 직장인의 치열함을 몸으로 체득하는 가운데 자기 분야에서 성공을 향해 나아갈 수 있었다.

결국 문제 해결의 열쇠는 낯선 분야에 익숙해져 억지로 살아남는 것이 아니라, '그 일에 어떤 의미를 부여할 것인가?' 하는 점이었다. 구덕모 대표는 자신이 좋아하는 일과 지금 하고 있는 일이 서로 만날 수 있도록 적극적으로 의미부여를 함으로써 일이 자기 삶에서 제대로 뛰어놀도록 응원했다.

그는 의미부여를 통해 자칫 악연으로 끝날 뻔했던 영업일을 자신의 삶에 안착시켰고, 직장생활에서 의미 있는 성공을 거두었으며 많은 사람들을 응원하는 지금의 짐팩트를 세울 수 있었다.

인생은 끝까지 가봐야 안다
■ ■ ■

구덕모 대표의 삶은 방황하는 이 시대의 젊은이들에게 희소식이다. 그처럼 살고 싶다는 생각으로 가슴 뛰게 만든다. 그의 스토리는 보험 영업의 성공케이스를 보여준다기보다는, 중간에 전직을 해서 새로운 일을 하게 되더라도 마음가짐에 따라 그 결과가 달라질 수 있음을 보여주기 때문이다.

그는 새로운 회사에서 8년을 노력한 끝에 성공이 보장된 안정된 직장 생활을 하게 되었지만, 현실에 안주하지 않고 또다시 도전의 길로 들어선다. 당시 그는 회사로부터 비서와 큰 사무실 등 최적의 환경을 보장받을 수도 있었지만, 결국 독립을 선택했다. 여기까지 듣고 나니, 출세가도를 달리던 그가 왜 회사를 나와 독립하려고 했는지 궁금해졌다. 좀 더 나은 대우를 받고 다른 회사로 옮길 수도 있었으니 말이다.

"솔직히 말해서 다니고 싶은 회사가 없었어요. 제가 원하는 모델은 각각의 고객에게 금융서비스 전체를 제공하는 회사였거든요."

그가 회사원이었던 시절, 전국적으로 3,500명이었던 조직이 지금은 250명 규모로 무너졌다고 한다. 회사에 남아있었더라면 그는 250명 중 1명으로 존재했을 것이다. 지나고 보니 선견지명이 있었던 셈이다. 그가 지금 경영하고 있는 회사는 현재 성장 일로에 있다. 외형상 큰 규모는 아니지만 알짜 회사다. 2017년 현재 12명의 직원이 월 매출 5억을 달성하고 있기에 앞으로의 발전가능성이 기대된다.

"그때 독립하기로 결정한 게 결과적으로 보면 잘된 셈이군요. 대표님처럼 직장에 다니다가 독립하려는 사람들이 늘어나고 있는데 먼저 경험한 분으로서 어떤 조언을 해줄 수 있을까요?"

"독립하려면 가급적 빨리 하는 게 좋다고 봅니다. 단 경험과 노하우를 충분히 쌓은 뒤에 움직여야 합니다."

자신의 직장경험에 비추어볼 때 조직구성원Follower으로 있을 때도 나름대로 얻는 게 있었지만, 하나의 조직을 이끄는 책임자Leader가 되었을 때 얻는 게 훨씬 많았다고 한다. 개인의 성장과 가족의 행복, 고객에 대한 혜택에 관한 모든 것을 자신이 결정하고 이끌어갈 수 있으니 말이다.

그렇다면 그가 전혀 다른 분야의 일에 도전해 끝내 성공을 거머쥐었고 창업한 뒤에도 탄탄대로를 달리고 있는 비결은 뭘까? 영업맨이라는 현실이 자신과는 전혀 어울리지 않는다는 생각에 사로잡혀 있을 때는 실패의 연속이었다. 하지만 자신이 즐겁게 해왔던 일과 영업의 핵심이 다르지 않다는 것을 의미부여를 통해 깨닫게 되면서 상황은 180도 바뀌었다. 그는 낯설긴 하지만 자신의 현실과 자기 일을 응원할 수 있었고 누구보다 즐겁게 일하며 높은 성과를 낼 수 있었다. 의미부여와 응원의 힘으로 강점과 잠재력이 제대로 일할 수 있도록 한 것이다.

"대학을 졸업할 무렵 진로를 고민하면서 제가 뭘 좋아하는지 생각해봤어요. 결혼을 앞두고는 돈 구할 데가 없어서 재테크를 공부했죠. 저소득층을 위한 여러 가지 혜택이 있더라고요. 고객들을 대할 때 제가 경험한 이런 정보들을 알려줬어요. 누군가에게 필요한 정보를 알아보고 조언하는 게 정말 재미있었어요."

그의 장점은 목표를 세우면 먼저 치밀하게 계획하고, 자기만의 차별화된 노하우를 바탕으로 실현해내는 것이다. 캠퍼스 간사 시절에도 어떻게 하면 다르게 해볼까, 어떻게 하면 재미있게 할 수 있을까를 고민했다고 한다. 춤을 가르치고 배우는 댄스동아리도 그의 작품 가운데 하나다. 그의 특별한 강점이라 할 수 있는 창의력은 직장생활을 하면서 더욱 개발되었고, 보험 영업을 하며 얻은 노하우와 자연스레 결합하여 자기 사업을 하는 가운데 활짝 피어났다.

인생은 모르는 것이다. 끝까지 가봐야 안다. 당장은 성공한 것처럼 보여도 실패로 막을 내리는 경우도 있고 전혀 가능성이 없다고 봤지만 그 미세한 틈바구니에서 성공의 씨앗을 발견하여 대박을 터뜨리는 경우도 있다. '하이 리스크 하이 리턴high risk high return'이라는 말이 있다. 위험이 크면 클수록 이겨냈을 때 돌아오는 게 그만큼 크다는 얘기다. 도전하지 않으면 얻을 수 없다. 언젠가는 승부수를 던져야 한다. 구덕모 대표의 조언처럼, 이왕 던질 거라면 조금이라도 젊을 때 과감하게 도전해 보는 것은 어떨까?

구덕모 대표는 갑작스레 실직을 경험했고 전혀 상상하지 못했던 일과 새로 인연을 맺었다. 포기할 뻔한 모험이었지만 결국 성공했고 이제는 더 큰 세상을 향한 여정을 시작했다. 자신이 운전대를 잡고 말이다. 결정적 순간에 그를 일으켜 세운 것은 과거와 현재를 이어주는 의미부여라는 연결고리였다. 그는 의미부여를 통해 자신이 가장 고통스러워하던 영업이라는 일을 응원할 수 있었고, 결국 스스로를 일으켜 세웠다.

전혀 뜻밖의 성공으로

구덕모 대표는 7년을 캠퍼스 간사로 일했고 8년 동안 보험회사 영업사원으로 일한 뒤, 지금은 짐팩트의 CEO로 일하고 있다. 과거에는 고객을 만나는 시간이 많았다면, 5년 넘게 회사를 경영하는 지금은 생각하는 시간이 많다. 이틀에 한 권씩 책을 읽으며 생각을 정리한다. 새벽 4시에 일어나 책을 보고 사업구상을 하다 보니, 직원들과는 고민하는 영역이 다르다. 회사를 경영하는 자신이 생각하는 데 더 많은 시간을 투자해야 다른 사람들에게 유익을 줄 수 있다고 확신하기 때문이다.

"고용이 키워드입니다."

오랜 시간 많은 고민을 하는 가운데 그가 얻은 깨달음이다.

"요즘은 이 한 가지 생각으로 가득 차 있어요. 고용을 확대하는 노하우, 그중에서도 지방 청년들을 고용해서 먹고 살게 하는 아이템을 발굴하는 데 집중하고 있습니다."

그는 일자리 확대를 통해 다음 세대가 먹고 살 길을 연구하고 대안을 마련하는 일에 관심이 많다. 특히 1인 기업 확대 전략이나 창업에 관심이 많다. 그의 최대 관심은 청년들을 고용해서 먹고 살도록 하는 것이다. 즉 고용을 많이 할 수 있는 아이템을 개발하는 것이 그의 현재 비전이다.

아이템 하나하나가 커지면 여럿이 함께 먹고 살 길이 열릴 것이다. 인터넷을 기반으로 SNS 생태계가 점점 더 넓어지고 활성화되고 있으니, 이를 활용해 2~3명 정도가 회사를 만들어 즐겁게 살아갈 수 있는 아이템을 만들거나 5명 정도를 프랜차이즈화해서 먹고 살도록 해 주는 것이 그의 꿈이다. 짐팩트는 이런 그의 꿈을 실현하는 데 최적화된 회사다. 위대한 꿈과 감동적인 삶을 살고자 하는 이들을 지원하기 위한 플랫폼이다.

기존의 재테크상담과 보험, 자산관리 사업은 '짐팩트 머니'라는 브랜드로, 그리고 교육·강연·문화콘텐츠 사업은 '짐팩트 스쿨'이라는 브랜드를 만들어 운영하고 있다. 이러한 브랜드를 계속 만들어 각 브랜드마다 적게는 2~3명이, 많게는 10~15명의 직원들이 행복한 회사를 만들어가도록 응원하고 있다. 앞에서 '고용이 키워드'라고 했던 그의 말에서 짐팩트의 브랜드 구축은 수익보다 사람이 먼저라는 것을 읽을 수 있다. 소수정예로 구성된 브랜드가 직업생태계를 활발하게 뛰어놀며 에너지를 공급하도록 기회를 주고 도와주며 응원하는 게 그가 짐팩트를 통해 추구하는 목표가 아닐까 생각해 본다.

일자리 부족 문제도 해결하면서 지방의 청년들에게 먹고 살 길을 마련해 주는 아이템을 하나씩 개발하는 동안 그는 전혀 뜻밖의 성공을 이루어가고 있다. 그의 꿈은 자기만의 것이 아니다. 회사 구성원은 물론이고 지방 공동체 및 어려운 청년들과 함께 공유하는 꿈이기도 하다. 다른 사람들의 먹을 것을 준비하고 함께 먹고 살겠다는 비전은 그래서 가치가 있다.

직원과 함께 자라는 아이템 인큐베이터가 구덕모 대표라면, 책과 함께 자라면서 자기 인생의 리더로 인생 후반기를 멋지게 열어가는 인물이 있다. 중년의 위기를 겪으면서도 좌절하지 않고 자기만의 필살기로 '두 번째 인생'이라는 새로운 아침을 열어가는 손병기 대표가 바로 그다. 함께 응원하며 일어서기 위한 책을 쓰기 위해 책상머리에 앉은 지금, 글쓰기로 인생 후반기를 열어가는 그의 삶이 더욱 궁금해진다.

7장

손병기

필살기로 승부하는 하프타이머

손병기

하프타임 전문가로서 인생 후반기를 준비하는 사람들을 체계적으로 도와주는 인생 2막 설계사이다. 오랜 기간 직장인으로 살아가다가 인생 설계를 새롭게 하면서 평생직업의 길을 찾아 나섰다. 글쓰기야말로 자신만의 필살기라는 사실을 깨닫고, 자신의 경험을 바탕으로 《두 번째 인생》이라는 책을 써서 인생후반기를 여는 사람들에게 길을 제시하였다. 현재 헤세드정보기술(주)의 대표이사이자 위스테이 별내 사회적협동조합 이사장으로 활동하고 있다.

인생 후반기로 접어들수록 괜히 조급해지고 답답해진다. 가장 머리를 무겁게 하는 것은 가족을 부양하고 노후를 준비하는 문제다. 교육비를 겨우 해결했다 싶으면 어느새 자녀들의 결혼자금 문제가 떡하니 앞을 가로막는다. 임박한 문제와 맞서 억지로 버텨내다 보니 인생 후반기를 준비한다는 것은 사치처럼 느껴졌다. 하지만 이렇게 사는 게 정말 최선일까? 가족을 위해 평생을 바쳤는데 정작 자신에게 남은 것은 아무것도 없다는 상실감이 너무도 크다. 이런 상황에서 자칫 아무런 대비 없이 남은 인생과 맞서야 할지도 모르는 장년들에게 꼭 필요한 준비가 있다면 어떤 게 있을까?

앞서 만나본 구덕모 대표는 다른 사람을 위해 먹거리를 준비하고 함께 먹고 사는 길을 끊임없이 모색하고 있었다. 그의 삶은 자기보다 다른 사람을 향해 있었고 더불어 살아가는 세상을 꿈꾼다는 점에서, 가치에 집중해 성공을 개척한 임정택 대표와 닮아 있었다. 그들은 모두 함께 행복할 수 있는 방법을 찾으려 노력했기에, 함께하는 사람들을 감동시킬 수 있었고 결국 공동체에 속한 모두가 의미 있는 성공을 거머쥘 수 있었다. 다시 말해 '자신'이 아니라 '함께'라는 필살기를 갈고 닦은 역전의 용사들이었다. 하지만 평생 직장인으로 살아온 사람들이 다수인 우리 사회에서 자기만의 필살기를 준비하여 인생 후반기를 여유 있게 맞이하는 사람을 찾아보기란 쉽지 않다. 하프타임 전문가 손병기 대표와 만나 그의 생각을 들어보고 싶었던 것은 한국중앙자원봉사센터장으로 일하면서 인생 후반기에 접어드는 많은 사람들의 고민을 수없이 접했기 때문이다. 이야기를 나누는 동안 구체적인 방법을 발견하면 가장 좋겠지만, 인생 후반기에 접어든 장년들을 효과적으로 응원할 수 있는 방법이라도 찾고 싶었다.

손병기 대표는 오랜 기간 직장인으로 살아오다가, 어느 순간 인생 설계를 새롭게 하면서 월급인생을 내던지고 평생직업의 길을 찾아 나섰다. 그는 글쓰기야말로 자신이 할 수 있는 일이자 재능임을 깨닫고는 구본형 선생을 멘토로 삼아 인생을 살아나가는 전략을 세우는 데 필요한 책을 쓰게 되었다. 그리고 자신에게 닥쳐온 인생의 위기를 극복하는 과정에서 하프타임의 중요성을 자각하고 하프타임 전문가가 되었다. 인생 후반기를 맞이하는 사람들에게 하프타임 설계방법을 가르쳐주는 동시에, 두 번째 인생의 중요성을 전파하게 된 것이다. 그러다 보니 어느 순간 이것이 그의 필살기가 되었고 필살기로 승부하는 멋진 삶을 살아가고 있다.

평생직장이 아니라 평생직업을 선택하라
■ ■ ■

"대표님, 오랜만에 뵙습니다.《두 번째 인생》출간과 함께 정말 두 번째 인생을 멋지게 꽃 피우고 계신 것 같습니다."

"늘 응원해 주셔서 감사할 뿐입니다."

손병기 대표는 하프타임 교육과정에서 알게 된 인생 2막 분야의 전문가이다. 그는 왜 적지 않은 나이에 월급 인생을 박차고 나와 평생직업이라는 모험을 떠났을까? 그에게 하프타임이란 무엇이며, 도대체 어떻게 자신의 잠재력을 발견했는지 궁금해졌다.

"인생 2막을 준비하는 사람들과 이야기를 나누어보면 평생직장이라는 개념은 이제 먼 나라 이야기가 되어버린 것 같습니다. 대표님을 만나려고 준비하면서 이 말씀만은 꼭 나눠보고 싶었어요. 이제는 평생직장이 아니라 평생직업을 준비해야 한다는데 도대체 무엇을 해야 할까요?"

"그렇지 않아도 저도 요즘 삼포니 칠포니 하는 젊은이들의 절망적인 현실 때문에 많이 아파하고 있었어요. 여기에 퇴직을 앞둔 세대까지 더 일찍 인생 2막을 준비할 수밖에 없는 상황이 되어버린 것 같아서 고민이 많았습니다. 우리 모두가 힘든 시대를 살아가고 있는 거죠. 상황이 더 악화되기 전에 뭔가를 대비해야 하지 않을까요?"

오늘날 직장인들은 끊임없이 밀려드는 산더미 같은 일에 파묻혀 살아간다. 야근을 밥 먹듯이 하며 정신없이 일해 보지만 헛헛함뿐이다. 회사에 대한 충성은 옛말이 되었고 자기 한 몸 건사하기도 버겁기만 하다. 하루하루 버티며 살아가는 선배를 보면서 '나는 저렇게 살지 말아야지.' 하고 다짐해 보지만 자괴감만 더할 뿐이다. 어느새 40대 후반, 구조조정 1순위에 오르내리면서 조직에서 밀려나는 느낌을 받는다. 이번 인사발표 때 아웃되지는 않을까 긴장의 끈을 늦출 수 없다. 명퇴만 생각하면 잠이 안 온다. 초조함과 상실감, 공허함은 날이 갈수록 커진다. 신입 시절의 당당함은 사라지고 삶은 갈 데까지 비굴해진다. 집 문제도 만만치 않다. 얼마 전부터 하우스 푸어house-poor에 진입했다. 아직 갚지 못한 대출 잔고도 있다. 자녀는 커 가고 늘어나는 교육비에 한숨만 나온다. 회사에서 많은 시간을 보내다 보니 아내나 자녀와의 관계도 좋지 못한 것 같다.

"저도 아들 둘을 키우는 입장이라 교육비나 생활비 부담이 얼마나 큰 짐으로 다가오는지 실감하고 있습니다. 이런 상황에서 가정을 책임진 가장이 구조조정을 당하게 되면 그야말로 낭떠러지로 떨어지는 기분이겠지요."

손병기 대표의 답을 기다리는 동안 실직당한 선배의 가슴 아픈 사연이 떠올라 머리가 무거워졌다. 그가 맞닥뜨린 차가운 현실은 직장인이라면 누구나 겪을 수 있는 상황이 아닐까? 구조조정으로 실직하게 되었을 때 처음 3개월간은 아내가 밥을 차려 주었다고 한다. 그러나 삼식이로 전락한 순간 아내와는 자연스레 원수가 되고 말았다. 눈칫밥도 하루 이틀, 어느 날 용기를 내어 큰소리를 치고 집을 나왔지만 막상 갈 데가 없었다고 한다. 지금까지 요령껏 버티고는 있지만 더 이상 대안이 없어 죽을 지경이라고 했다. 한참을 고민하던 손 대표가 말문을 열었다.

"준비되어 있지 않다면 개인적 고통과 사회적 혼란은 불가피하다고 봅니다."

베이비붐 세대의 은퇴가 가져올 현실은 어떠한가? 사무직은 눈을 씻어도 찾아볼 수 없다. 악착같이 버텨보려고 일용직 노동에 나서지만 일자리 얻기가 쉽지 않다. 막다른 골목으로 몰린 끝에 집을 줄이고 귀촌하자고 했지만, 이혼하자는 답이 돌아온다. 완벽하게 일치하지는 않겠지만, 준비 없이 인생 후반기를 맞이하다 보면 자칫 우리의 인생이 될 수도 있는 섬뜩한 이야기다.

적어도 지금 기준으로 볼 때 한국 사회에서는 직장을 나오게 되면 명함과 함께 존재감이 사라져 버린다. 인생 후반기에 대한 준비를 철저히 해야 하는 것은 바로 이런 절박한 이유 때문이다. 손 대표가 다시 말을 이었다.

"기업은 직원들이 인생 2막을 준비할 수 있도록 지지하고 도와주는 시스템을 구축해야 한다고 봅니다. 이렇게 되면 선순환구조가 만들어져 결국 기업에게도 도움이 되지 않을까요?"

"구성원들의 평생직업 능력을 길러줄 때 직장생활과 행복한 이별이

가능하다는 대표님의 말씀에 공감합니다. 이런 기업들이 많아진다면 우리 사회가 직면하고 있는 인생 2막의 문제도 어느 정도 해결이 되지 않을까요?"

"그렇습니다. 기업들이 구성원들의 평생직업 능력신장을 위해 일하기로 작정한다면 엄청난 변화가 나타날 수 있겠지요. 발상의 전환이 필요합니다."

손 대표와 이런 저런 생각을 나누다 보니 어느새 저녁 10시를 훌쩍 넘기고 있었다. 그러면 하프타임 전문가로 인생 후반기를 살아가고 있는 그는 어떤 방식으로 자신의 길을 발견했을까? 직장생활을 하는 동안 그는 어떤 방식으로 자신의 필살기를 발견하고 키워나갔는지, 또 배움의 갈증을 느꼈을 때 삶에 어떻게 적용했는지 들어보고 싶었다.

구본형 선생과의 만남
■ ■ ■

오늘날 4,50대가 인생 후반기 진입을 앞두고 불안감을 느낀다면, 아마도 낯선 현실과 마주할 충분한 준비를 하지 못했기 때문이리라. 손병기 대표는 장년세대와 시니어, 은퇴, 명퇴한 사람들은 퇴직 후 30년을 새롭게 정의해야 한다고 본다. 퇴직 후 30년이야말로 진정한 자아를 발견하고 새로운 인생을 시작할 수 있는 골든타임 golden time 이자 핫 에이지 hot age 라는 얘기다. 그는 이 시기를 잘 활용하여 제3기 인생 third age 으로 나아가기 위한 재도약의 기회로 삼아야 한다고 주장한다.

"사람의 생명을 구하는 데도 골든타임을 놓치면 안 되는 것처럼, 인생 후반기도 제2의 인생과 같다는 점에서 골든타임이 중요하다는 말씀이군요."

"그렇죠. 퇴직한 뒤 소일거리하며 무료하게 보내는 걸 당연시하지 않고, 다시 한 번 더 비상할 수 있다며 응원하는 것이죠. 인생 후반기에 더욱 역동적으로 살아가는 모델들이 많이 나와야 사회에도 희망이 생기지 않을까요?"

"그러고 보니 자기관리 분야의 베스트셀러 저자로 인생 후반기를 역동적으로 개척하셨던 구본형 선생께 적지 않은 영향을 받으셨다고 알고 있습니다."

"지금으로부터 30년 전, IMF 외환위기 때 굉장히 고민이 많았습니다. 그때 우연히 서점에서 그분의 책을 보게 되었고 그게 인연이 되었지요."

당시를 떠올려보면 우리나라 사람들 가운데 상당수가 고통 받고 힘들어 했던 것 같다. 절대로 망하지 않는다던 재벌과 은행, 기업체가 문을 닫았다. 평생직장의 개념은 일순간 신기루처럼 사라졌다. 바로 그때 손병기 대표는 구본형 선생의 책을 만나게 되었다. 《그대 스스로를 고용하라》라는 책을 통해 답답하던 마음이 위로받았고, 직장인의 미래와 삶의 방향에 대해 눈뜨게 되었다. 평생직장에 대한 생각을 버리고 평생직업을 통해 스스로를 고용해야겠다고 마음먹었던 게 바로 이때였다.

당시 손병기 대표는 오랫동안 회사를 다니면서 나름대로 인정받고 있었지만, 조금씩 데워지는 물속의 개구리처럼 자신도 모르게 죽어가고 있다는 것을 깨달았다. 그러던 중에 구본형 선생의 책을 통해 자신이 좋아하고 잘할 수 있는 일이 무엇인지를 생각해보게 되었고, 결국 자신의 재능을 서비스하고 고객에게 대가를 받는 1인 기업가로 다시 태어났다.

그 후 그는 자신에게 가슴 뛰는 인생을 살도록 영향을 준 구본형 선생을 만나 소통하면서, 전문가가 되려면 글을 써야 한다는 자극을 받았다. 한 권의 책에 담긴 응원의 메시지가 한 사람의 인생을 바꾸었고, 또 다른 사람들을 응원하는 책으로 다시 태어나게 된 것이다.

월급 인생을 포기하다
■ ■ ■

인생 2막은 흔히 젊은 시절의 역동적인 삶을 내려놓은 뒤 쓸쓸히 여생을 보내는 기간으로 간주되곤 한다. 인생의 황혼기와 같은 개념으로 바라본 것이다. 하지만 인생 2막은 인생의 황혼기와는 전혀 다른 개념이다. 인생 2막은 열정적으로 활동하는 또 다른 인생 1막으로 접근해야 한다. 자신의 가능성과 잠재력을 새로 발견해 그것을 키워나가면서 새로운 직업인으로 살아가는 기간을 뜻하기에, 사실상 1막과 2막은 역동성에 있어서는 차이가 없다. 취업을 위해 고군분투하는 청년들을 응원하는 만큼, 평생직업을 위해 두 번째 인생을 준비하는 장년들 또한 응원해야 한다. 그렇다면 그는 어떤 생각을 했기에 월급 인생을 포기하고 평생직업을 향한 걸음을 내디딜 수 있었을까?

"당시 저의 모습이 제가 진정 원하는 삶인가에 대한 고민에서 비롯되었지요."

100세 시대를 맞이하는 대한민국의 일자리 상황은 그야말로 'NO 답'이다. 답이 보이지 않는다. 게다가 자녀교육에 시집·장가 보내는 것도 모자라서 이젠 손자손녀 육아까지 책임져야 할 판이다. 엄청난 양육비와 결혼비용에 더해 취업하지 못해 캥거루족이 된 자녀까지 떠맡아야 한다. 이 와중에 회사에서는 밑에서 치고 올라오고 위에서는 짓누른다. 구조조정·명퇴·원가절감 등으로 숨이 막힌다. 도망가고 싶어도 숨을 곳이 없다. 조금만 생각해도 이런 게 진정 원하는 삶인지 고민이 될 수밖에 없다.

이런저런 고민 끝에 손 대표는 드디어 결단을 내리고 회사라는 울타리에서 뛰쳐나왔다. 하지만 현실은 냉혹하고 고독하기만 했다. 어떻게 해야 할지 막막한 상황에서 그렇게 울려대던 휴대폰마저 잠잠해졌다. 큰소리는 쳤지만 가족들에게 할 말이 궁해졌다. 어려움이 닥칠 때마다 그 시절로 돌아가고픈 충동을 느꼈다. 몇 번의 고비가 찾아왔다. 월급인생을 포기한 대가가 생각보다 컸던 것이다. 창업 7년차쯤에 이르러서야 조금씩 안정기에 접어들었고, 자신의 목표였던 강사와 작가의 꿈도 이룰 수 있었다.

"아직도 예전의 직장인 마인드로 일하고 있었다면 어땠을까 가끔 상상해 봅니다. 아마도 불안한 미래와 우울한 꿈에서 헤어나지 못하고 있었을 거예요."

"그렇다면 직장에 있으면서 인생 2막을 준비하려면 어떻게 해야 할까요?"

"세 가지를 말씀드리고 싶어요. 선배를 활용하라는 것과 주도적인 일을 찾을 것, 그리고 가슴 뛰는 일을 발견하라는 거죠."

그 스스로 직장인으로 여러 가지 경험을 쌓았고 이제는 독립하여 본인의 사업을 하는지라, 직장에서 인생 2막을 열어가는 노하우에 대해 할 말이 많다.

첫째, 선배에게 답이 있다. 선배들은 경험이 많기 때문에 종종 간과하기 쉬운 부분이나 가져야 할 가치관에 대한 답을 알고 있다는 것이다.

둘째, 주도적으로 일해야 한다. 변화된 마인드로 성과를 내고 싶다면 일 잘하는 사람들을 찾아가서 적극적으로 배우고 주도적으로 일해야 한다.

셋째, 자신이 정말 잘하고 좋아하는 일을 찾아봐야 한다. 가슴 뛰는 일을 발견하는 것만이 인생 2막을 주도적으로 열어갈 수 있는 방법이다.

손병기 대표의 말을 종합해 보면 당장 사표를 내고 다른 일을 시도하라는 게 아니다. 먼저 부정적인 마인드와 익숙한 생활습관, 낮은 자존감과 결별하는 것부터 시작하라는 얘기다. 스스로에게 묻고 답하는 성찰의 시간을 가지면서 자신이 가장 좋아하면서도 잘할 수 있는 것을 체계적으로 준비하는 게 중요하다. 삶을 변화시키는 응원은 어느 한 순간 폭포처럼 쏟아질 수도 있지만, 일기를 쓰듯 날마다 인생 2막의 그림을 구체적으로 그려가는 가운데 서서히 스며들기도 한다.

글 쓰는 하프타임 전문가

■ ■ ■

"글을 쓰겠다고 결심하고 하프타임 전문가로 나서게 된 데는 결정적인 계기가 있다고 들었습니다. 사람들은 보통 어떤 위기를 만나 그것을 극복하는 과정에서 인생의 터닝 포인트를 갖게 되는데 대표님은 어떤 경험을 하셨나요?"

"지금부터 약 10년 전, 아내의 암 발병이 결정적인 계기가 되었습니다."

　2007년 5월, 아내의 암 판정은 모든 것을 바꾸어 놓았다. 그동안 성공해야겠다는 일념으로 앞만 보며 달려가던 그에게 낯선 위기상황이 찾아온 것이다. 그는 전혀 준비하지 못한 위기상황 앞에서 걷잡을 수 없이 무너져 내렸다. 아무것도 할 수 없다는 무력감이 그를 짓눌렀다. 아내를 살릴 수만 있다면, 무엇이든 할 수 있다고 다짐을 했다. 그는 중환자실에서 파르르 떨던 아내의 모습을 잊을 수가 없다고 했다. 이런 과정을 겪으며 그는 '인생이란 무엇인가? 진정한 행복은 어떤 것인가?'를 놓고 고민하게 되었고, 결국 인생의 전환점을 맞이했다고 한다.

　누구나 삶 가운데 영향을 미치는 한 장면이 있다. 손병기 대표에게는 아내를 잃을지도 모른다는 죽음의 공포가 삶의 방향을 바꾸게 되는 결정적인 계기가 되었다. 더 이상 이렇게 살아서는 안 된다고 결심한 끝에, 그는 3박 4일 동안 수도원에 들어가 자신의 삶을 성찰하면서 앞으로의 삶에 대해 생각하는 시간을 가졌다. 하프타임을 가지면서 자신이 전문가로서의 삶을 살기 위해서는 글을 써야 한다는 구본형 선생의 가르침을 실천하기로 결심하였다. 또한 인생 후반기를 맞이하는 사람들에게 하프타임의 원리를 공유하는 삶을 살기로 했다. 이를 위해 6개월간 집중적인 글쓰기 훈련을 받았고, 매년 100권의 독서와 하프타임 36주 과정을 수료하였다.

　인생 2막을 열어갈 때 자기에 대해 글로 표현해보는 것은 스스로의 가능성을 확인하는 좋은 방법이다. 말과 달리 글은 활자로 남아 오랫동안 존재한다. SNS 소통이 막강한 위력을 발휘하는 시대에, 자기만의 생각을 독특하게 표현할 수 있다면 작가로서의 삶도 얼마든지 가능하다.

손병기 대표는 자신의 생각을 나누고 전문가로 살아가는 데 필요한 매개체로 책을 선택했다. 차별화되는 스펙을 가진 사람들이 점점 더 늘어나는 이 시대에 등대처럼 누군가의 길을 안내하는 삶을 살고 싶다면, 자기만의 주특기를 가져야 한다. 자기가 가진 것 가운데 가치 있는 것을 끄집어내 즐겁게 발전시킬 수 있는 방법을 찾아나가자. 자신의 재능을 알아보고 제대로 응원해야 재능도 거기에 반응하여 우리 인생을 응원한다.

고민만연구소에서 국내 1호 아파트 협동조합으로
■ ■ ■

손병기 대표는 IT회사에서 엔지니어로 10년의 경험을 쌓았다. 그 뒤 10년간은 영업 인생으로 전국을 누볐다. 이제는 하프타임 강사와 작가로 새로운 10년의 비전을 세우고 끊임없이 변화를 시도하고 있다.

"현재 저는 강연과 저술활동을 계속하고 있고요, 은퇴 이후를 걱정하는 직장인들이 하프타임을 통해서 전문가의 길을 걸어갔으면 좋겠다는 생각으로 고민만연구소를 만들어서 돕고 있습니다."

그는 직장인들이 도전과 변화의 주체로 살아가도록 권하고 있다. 스스로가 중심이 되어 인생의 주인으로 살아가야 한다는 것이다. 그렇게 하려면 사람들은 하프타임을 가지고 스스로를 돌아보아야 한다는 게 그의 생각이다. 그는 10년의 인생 비전을 세우고, 3년마다 변화의 목표를 세워 인생의 또 다른 막을 열어가야 한다고 강조한다. 그에 따르면 우리는 10년 단위로 변화의 모습을 그릴 수 있다고 한다. 하지만 10년은 생각보다 길기 때문에 변화의 디딤돌을 잘 쌓고 점검할 수 있는 3년이라는 기간이 필요하다고 했다. 3년 동안 꾸준히 노력하면 어느 정도 자신이 꿈꾸는 전문가의 삶을 살 수 있다는 것이다.

자신의 한계를 극복하기 위해 노력하는 손병기 대표를 보면서 인생 2막의 역할모델을 만난 것과 같은 진한 감동과 도전을 받았다. 그는 오늘을 살아가는 베이비부머를 비롯한 장년들에게 다음과 같이 도전한다.

- 절대 실패하지 않는다면 10년 후에 당신은 어떤 모습을 희망하십니까?
- 꿈을 꾸세요! 꿈을 꾸어야 꿈처럼 살 수 있습니다.
- 10년 후 꿈을 찾아 드립니다.
- 자기만이 내세울 수 있는 필살기가 무엇입니까?

직장인에서 1인 기업가로 삶의 형태가 바뀌었을 때 큰 힘을 얻을 수 있는 지침과 응원을 그에게서 발견한다. 그는 현재 고민만연구소를 통하여 인생 2막에 대한 상담과 하프타임 코칭을 진행하고 있다. 하지만 그의 꿈은 거기에 머물지 않고 아빠학교 협동조합과 대한민국 최초로 시도되는 협동조합형 주거 공동체로 계속 진화하고 있다. 이 공동체는 주거 안정과 공동체적 가치를 통해 자본주의 한계를 극복하는 마중물 역할을 지향한다고 했다. 하프타임을 통한 개인의 꿈과 비전이 지역사회로 들어가 주민들과 함께 부대끼며 더불어 살아가는 사회적 꿈과 비전으로 확장된 것이다.

행동으로 보여주는 특별한 것만이 인정받는 21세기형 인생 2막이 우리 앞에 있다. 이러한 때에 상황의 변화를 제대로 인식하고 하프타임을 통해 인생의 비전을 수립하고 실행한다면 인생 후반기를 멋있게 맞이할 수 있다. 그러려면 자신이 누군지 알아야 한다. 자신이 정말로 잘하고 원하는 일, 그 일을 통해 자신의 존재를 발견할 수 있는 그런 일을 찾아야 한다.

자신이 누구이고 어떤 사람인가 하는 것은 무엇보다도 얼굴에 드러난다고 했다. 40대 이후에는 자기 얼굴에 책임을 져야 한다는 말도 그만큼 인생을 제대로 살아야 함을 강조한 게 아닐까? 최소의 생활비만으로 만족한 삶을 살면서 수많은 사람들의 얼굴에 깃든 행복을 발견하는 사람이라면, 사진을 통해 자신의 존재를 발견한 그라면 우리 인생에 대해 뭔가 해답을 제시해 줄지도 모르겠다. 자신의 시간과 돈을 다른 사람을 위해 내어주는 사진가, 장애인과 청년들을 위해 자신의 재능을 기부하며 최고의 행복을 누리는 사람, 마음을 찍는 사회공헌가《바라봄 사진관》의 나종민 대표를 만나러 가는 길. 이번 만큼은 내가 사진기를 들고 그의 행복한 모습을 담아주고 싶다.

제3부

너와 나,
응원의 노래를
부르자

: 8장 : 마음을 찍는 착한 사진가, 나종민
: 9장 : 열정의 음색 가이드, 권순동
: 10장 : 노래로 세상을 움직이는 작은 거인, 양승우
: 11장 : 약자에게 손을 내민 키다리아저씨, 박현홍

8장

나종민

마음을 찍는 착한 사진가

나종민

사진이라는 매체와 협업을 통해 장애인들과 청년들의 삶을 돕고 사회에 의미 있게 기여하는 바라봄 사진관의 대표다. 마이크로스트레티지 코리아 지사장과 오라클코리아 국내법인 영업전무를 지냈으며, 직장인의 삶을 내려놓은 뒤 사진에서 자신의 재능을 발견하고는 도움이 필요한 사람들과 적극적으로 나누는 삶을 살고 있다. 장애인복지 유공자 서울시장상 등을 수상했으며, 지금도 사진으로 돕는 삶을 즐기며 살아가고 있다.

두 번째 인생을 살아간다는 것은 어떤 의미일까? 짐팩트 구덕모 대표의 경험처럼 언뜻 전혀 다른 분야라고 여겼던 직업이라 해도 본질이 서로 통하는 경우도 있을 것이고, 이전과는 전혀 다른 성격의 직업도 있을 것이다. 자의든 타의든 새로운 일을 시작하게 되었다면, 그 일이 자기 인생에 어떤 의미가 있는지 잠시라도 시간을 두고 생각해 보면 어떨까? 본질이 통하는 부분은 없는지, 내가 좋아하고 잘하는 것과 새로운 일이 어떤 연관이 있는지 생각해 보면서 말이다.

'한 번밖에 없는 소중한 인생인 만큼, 새롭게 시작하는 일에서 가치를 발견하고 진심으로 응원할 수 있어야 하지 않을까? 나부터 나의 새로운 인생을 진심으로 인정하고 응원할 수 있도록 의미부여를 해야 하지 않을까?'

하프타임 전문가 손병기 대표와의 만남을 돌이켜보며 인생 후반기를 맞이하는 자세에 대해 정리하고 있는데, 때마침 아름다운 경관이 찾아든다. 사진으로 인생 후반기를 연 특별한 사진가를 만나러 가는 길이라 풍경 또한 알아보는 것일까? 하지만 지금 만나러 가는 나종민 대표는 풍경보다는 사람들의 내면에 관심을 갖고 그 필요를 채워주기 위해 자신의 재능을 공유하는 특별한 선택을 했다. 장애인과 청년들의 삶에 모든 것을 걸고 셔터를 누르는 사진가. 사진이라는 매개를 통해 의미를 찾고 사회에도 기여하는 착한 사진가. 나종민 대표가 바로 그 사람이다.

10년 전 그는 골프와 함께 사는 게 가장 멋진 인생이라고 생각했다. 일주일에 두 번 골프를 치고 해외여행을 다니던 그는, 자신이 충분히 멋진 삶을 누릴 자격이 있다고 생각했다. 그때는 그게 인생 최고의 가치인 줄 알았다. 하지만 지금은 골프 외에도 멋진 인생을 살아가는 다른 방법을 알고 있다고 자신 있게 말한다. 그렇다면 외국계 컴퓨터 회사에서 안정된 삶을 누리던 그가 비영리 단체를 만들어 사서 고생을 하는 이유는 뭘까? 철저히 이윤만을 추구해도 버티기 힘들다는 이때에, 그는 왜 장애인들과 취업 준비생들을 상대로 저렴한 비용만 받고 양질의 서비스를 제공하는 사진관을 운영하는 걸까? 그가 사진이라는 배를 타고 도움이 필요한 사람들을 바라보며 인생 최고의 황금기를 건너기로 한 이유가 너무도 궁금했다.

사진으로 충전한 두 번째 삶
■ ■ ■

"잘 나가는 직장을 그만두고 사진으로 새로운 인생을 시작하신 이유가 내내 궁금했습니다."

"저도 남은 인생을 사진기와 동행하게 될 줄은 꿈에도 몰랐습니다."

세계적인 컴퓨터회사의 국내지사에서 영업전무로 일하다가 사진이라는 전혀 다른 분야에서 봉사적 삶을 실천하고 있는 그의 삶은 자원봉사계에서 일하는 나의 생각을 자극하기에 충분했다. 궁금증이 점점 더 쌓여가던 어느 날 '바라봄 사진관' 나종민 대표를 직접 만나보기로 했다.

무더운 7월 서울 지하철 5호선 오금역 근처 카페에서 그를 기다리는 동안, 그가 대표로 있는 사진관의 이름 '바라봄'의 의미를 떠올려본다. 언뜻 '얼굴과 얼굴을 가까이하고 마주보는' 두 사람이 그림처럼 그려진다. 그렇게 바라봄이라는 느낌을 떠올리며 이런저런 상상을 하고 있는데, 나종민 대표가 거짓말처럼 눈앞에 등장한다.

"안녕하세요, 바라봄 사진관 나종민 대표입니다."

그는 페이스북에서 보았던 것보다 훨씬 더 정겨운 이미지였다. 수많은 얼굴들이 세상을 향해 가장 멋지고 아름답게 드러날 수 있도록 촬영하는 일을 해서일까? 나종민 대표는 바라보는 것만으로도 사람들의 마음을 편안하게 해주는 그런 사람이었다. 그래서 더욱 궁금해졌다. 도대체 사진이라는 딱 맞는 일을 처음부터 하지 않고 왜 돌고 돌아 이제야 만나게 되었는지. 그가 하던 컴퓨터 전문가의 일을 떠나 어떻게 사진과 인연을 맺게 되었는지 말이다.

나종민 대표는 대학에서 경영학을 전공했지만, 묘하게도 컴퓨터에 관심이 있어서 IT업계로 취업했다고 한다. 비교적 젊은 나이였던 37세에 외국계 회사의 한국지사장을 맡아 8년 정도 일했고, 45세에 오라클코리아 국내법인 영업전무를 끝으로 직장생활에 종지부를 찍었다. 사진은 회사를 그만두고 시작했는데, 처음에는 풍경이나 식구들의 사진을 찍는 게 전부였다. 전형적인 '아빠사진가'였다고나 할까? 그러다가 2010년 초반에 희망제작소가 개설한 인생 2모작 프로그램에 참여하게 되었는데, 거기서 재능을 기부할 수 있다는 이야기를 듣게 되었다. 그때 그의 마음을 자극한 생각 하나가 지금의 바라봄 사진관으로 자라났다.

'아직까지는 부족하지만 사진을 배우고 있으니 사진으로 기부를 해보자.'

사진기의 조작법을 차분하게 익히며 벼르고 벼르던 어느 날 드디어 기회가 왔다. 서울 도봉숲속마을에서 개최하는 장애인캠프에서 사진을 찍어 달라는 요청을 받게 되었다. 장애인 사진을 처음 찍게 된 계기였다. 그렇게 1년여 동안 장애인을 위한 사진 봉사를 하면서 조금씩 꿈이 자라나기 시작했다.

'야, 여기만이 아니라 다른 데서도 봉사할 수 있겠다. 1318과 해피 빈 사진 봉사도 하면 어떨까?'

마음이 준비되면 기회가 온다는 게 맞는 것 같다. 어느 날 장애아동을 보살피는 위드라는 단체에서 사진 봉사 요청이 들어왔다. 한참 집중해서 촬영을 하고 있는데 한 어머니가 그에게 다가와서 사진관을 하느냐고 물었다. 뇌병변 장애아의 엄마였다.

"동네사진관에서 촬영하시는 건 어떠세요?"

"아니, 그게 아니고요. 선생님이 찍어주시면 좀 더 좋을 것 같아서요."

그분은 장애인들의 사진을 찍는 사람이 사진관을 하면 거기서 마음 편히 찍을 수 있겠다는 생각으로 물어본 것이었다. 그때 머릿속에서 반짝 스쳐 지나가는 것이 있었다.

'맞아, 장애인과 그 가족이 편하게 사진 찍을 수 있는 그런 사진관이 필요하겠구나.'

바라봄 사진관은 이렇게 장애인들의 행복하고 소중한 순간을 사진에 담아주어야겠다는 마음으로 탄생하였다. 사진가에게 바라봄이란 '렌즈로 사람이나 사물을 바라본다'라는 뜻일 텐데, 어쩌면 중의적인 의미도 담겨있는 것 같았다. 차별이나 편견이라는 필터를 끼운 채 상대방을 바라보지 않고, 인간 대 인간으로 같은 눈높이에서 바라보자는 의미가 담긴 것은 아닐까 생각해 보았다.

나종민 대표에게 사진은 취미였지만, 숨겨져 있던 잠재력이 드러나는 데는 그리 오래 걸리지 않았다. 재미로 출발한 사진이었지만, 잠재력에 관심과 열정이 더해지니 새로운 기회의 문이 열린 것이다.

"장애인들을 전문적으로 촬영하는 사진관이 그렇게 시작된 것이군요. 그런데 직장을 접고 전혀 다른 일을 한다는 게 쉽지 않았을 텐데 후회는 없었습니까?"

"네, 전혀 없었어요. 오히려 방전된 인생이 새롭게 충전되는 듯한 묘한 매력을 느꼈습니다."

회사를 그만두기 전에 그는 언제부턴가 자신의 인생이 방전되고 있다는 것을 알게 되었다. 쳇바퀴를 도는 듯한 생활패턴 속에서 알 수 없는 갑갑함이 밀려왔다.

'이런 삶을 기대한 것은 아니었는데…….'

어디서부터 잘못되었는지 모르지만 더 이상 쳇바퀴 인생을 이어가서는 안 되겠다는 생각이 들었다. 결심은 바로 실행으로 이어졌고, 회사에 사직서를 낸 그는 아무것도 정해진 게 없이 회사를 떠났다. 그러다가 어느 순간 눈에 들어온 사진기와 함께 길을 나섰고 풍경부터 담기 시작했다. 그렇게 사진과 인연을 맺어가는 동안, 그는 자신이 사진과 잘 어울린다는 것을 점점 더 확신하게 되었다. 잠자고 있던 잠재력이 깨어나면서 방전되었던 인생이 조금씩 충전되기 시작했다. 그는 이제 사진으로 끊임없이 재충전하며 제2의 전성기를 맞이하고 있다. 장애인 사진이라는 새로운 분야에서 의미를 발견하면서 인생 후반기를 열어가는 멋진 역할모델이 되고 있다.

취업준비생을 위한 열린 사진관

요즘 청년실업이 사회적 이슈가 되다 보니 온통 일자리에 관심이 집중되고 있다. 졸업을 연기하면서까지 열심히 준비해도 원하는 일자리를 얻을 수 없어서 좌절하는 경우가 부지기수다. 사회로 멋지게 진출해 꿈과 역량을 마음껏 발휘하겠다는 기대감보다는, 불안감과 절망감이 앞서는 경우가 많다. 나종민 대표는 이런 청년들에게 자신이 해줄 게 뭐가 있는지 생각해 보았다고 한다.

'아하, 취업준비생들에게 이력서 사진을 정성스럽게 찍어주면 좋겠다.'

취업준비생들은 지푸라기라도 잡는 심정으로 원서에 들어가는 사진에 집중한다. 이들의 사진을 찍어주면서 어느 정도 상황을 파악한 나종민 대표는 이들에게 최상의 서비스를 저렴하게 제공하는 방법을 고민했다고 한다. 그 뒤 의상과 헤어를 담당할 단체를 물색한 그는 취업준비생을 위한 열린 사진관의 문을 열게 된다. 정장을 무료로 대여해 주는 '열린 옷장'과 저렴한 비용으로 머리손질을 도와주는 '베니헤어'가 나종민 대표와 협업파트너로 일하고 있다.

바라봄 사진관이 취업준비생들을 위해 본격적으로 촬영을 시작한 1년 2개월 동안 무려 400명 이상의 취업준비생이 다녀갔다. 2017년 7월 기준으로 사진촬영과 머리손질에 모두 얼마의 비용이 들어가는지 물어보니 놀라운 대답이 돌아왔다. 열린 옷장에서 정장을 무료로 빌려주니 머리를 손질하고 사진까지 찍는 데 1만 원이면 된다고 한다. 열린 옷장은 매주 새 옷으로 바꿔 주고, 바라봄 사진관에서는 취업준비생들을 위한 최적의 사진서비스를 제공한다. 그야말로 세 기관의 협업을 통해 최고의 증명사진을 제공하는 것이다.

"정말 저렴하네요. 최상의 서비스까지 제공하니 취업준비생들이 몰려들겠는데요?"

"그렇죠. 처음에는 저렴하다고 왔는데 서비스는 절대 저렴하지 않다는 걸 깨닫게 되지요."

중요한 것은 그가 이런 서비스를 상업적인 목적으로 계획한 게 아니라는 점이다. 진심이 통했을까? 시간이 지날수록 그는 취업준비생들이 자신을 위한다는 것을 알게 되었다. 단순히 사진만 찍어주는 게 아니라 진심을 다해 도와주려는 그의 태도가 청년들의 마음을 움직인 것이다. 어느 취업준비생은 이렇게 말한다.

"이런 곳을 만들어 주셔서 정말 고맙습니다."

우연히 사진을 찍으러 왔는데 자기들한테 관심을 가져주는 곳이 있더라는 것이다.

"어떤 한 친구가 사진관을 나섰다가 다시 오는 거예요. 그런데 손에 사진 값보다 훨씬 비싼 커피와 빵을 들고 오는 게 아니겠어요? 커피 네 잔에 빵까지 하면 2만 몇 천 원 정도 할 텐데 말이죠. 5,000원 주고 사진을 찍은 뒤 마음을 선물하고 간 거죠."

감동적인 장면이다. 어쩌면 사진으로 취업준비생들을 도와주려고 시작한 그의 응원이 더 큰 응원으로 그에게 돌아온 것이다. 의미 있는 삶, 다른 사람들을 돕기 위해 자신을 내어놓는 삶은 그것으로 끝나지 않고 더 큰 가치로 열매를 맺는다는 것을 나종민 대표를 통해서도 확인할 수 있었다.

그렇다면 인생 후반기에 새로운 길을 찾은 그가 취업준비생들을 위해 도움을 주겠다고 나선 이유는 무엇일까? 다음 세대에게 물려줄 유산에는 긍정적인 것과 부정적인 것이 공존한다. 50대 기성세대인 그는 어느 날 청년세대에게 무엇을 남겨주었는가를 생각해 보게 되었는데, 부정적 유산이 훨씬 많다는 걸 깨달았다. 이 때문에 어느 강연장에서는 20대들에게 미안하다고 사과했다고 한다. 제대로 해준 것도 없으면서 '눈높이가 높다, 욕심이 많다, 게으르다'라고 낙인찍은 것은 아닌지 반성한 것이다. 열린 사진관이 탄생한 배경은 이렇게 도움이 필요한 이들에게 뭔가 실질적인 도움을 주고 싶었던 나종민 대표의 진정성 있는 마음이었다. 그런데 사진으로 시작된 그의 봉사는 국내에만 머무르지 않았다.

네팔을 감동시킨 사진의 힘
■ ■ ■

2015년 네팔에 큰 지진이 나면서 많은 사람들이 엄청난 피해를 입었다. 마침 지진 피해가 많았던 곳이 공정무역을 하는 NGO단체 '(재)아름다운커피'의 원두 생산지였다. 그곳에 (재)아름다운커피와 함께 들어가서 사진을 찍어주면 어떠냐는 제안이 들어왔다. 바라봄 사진관의 비전과도 일치하는 일이었기에, (재)아름다운커피는 안내를 하고 바라봄 사진관은 커피농부들의 가족사진을 찍어주기로 했다. 지진 피해를 극복하기 위해 쉴 틈 없이 돌아가던 일상을 잠시 멈추고 서로를 격려하기 위해 마을축제가 열렸.

"당시를 떠올려 보면 돈으로 살 수 없는 행복을 주고받았던 것 같습니다."

이 프로젝트는 단순히 가족사진을 선물하려는 게 아니라, 사진 한 장을 통해 돈으로는 살 수 없는 행복을 전달하고자 한 것이다.

"네팔 프로젝트는 언제부터 계획했나요?"

"2016년에 제안이 들어왔고 그해에 현장답사를 다녀왔습니다. 그 결과를 토대로 필요한 것을 준비하여 2017년에 들어갔지요."

네팔 현지에서 사진을 찍는 것은 결코 쉬운 일이 아니다. 먼저 험한 산길과 비포장도로를 통과해야 한다. 따가운 햇살과 더러운 먼지 속에서 프린트와 조명·액자·장비를 옮겨야 하는 수고가 뒤따른다. 또한 차량으로 이동할 수 없는 장소에 대해서는 접근방법을 찾아내야 했고, 잦은 정전으로 촬영과 인화를 할 수 없는 상황도 극복해야 한다. 감기몸살과 같은 불청객을 이겨내는 것도 필요하다. 이런 어려움을 극복하면서 한 장 한 장 찍은 사진이니 그 가치가 클 수밖에 없었다. 그렇다면 바라봄 사진관이 온갖 악조건에도 불구하고 해외에까지 봉사의 손길을 뻗은 이유는 뭘까?

먼저 "빛으로 세상을 모으고 사람을 바라본다"라는 바라봄 사진관의 목표에 부합했기 때문이다. 사진가가 세상의 가치 있는 것들에 초점을 맞춰 명작을 찍어내듯, 바라봄 사진관은 도움이 필요한 곳이라면 세상 어디라도 초점을 맞추고 달려가겠다는 게 아닐까? 이렇게 세상과 사람을 향한 따스한 시선과 가족사진 촬영의 경험이 많았기에 해외 촬영에 큰 어려움은 없었다고 한다. 프린터·사진기·조명·액자를 준비해 가서 현장에서 촬영한 뒤 인화하면 그 나라에 꼭 필요한 쓸모 있는 사진이 되었고, 이렇게 한 것이 지금까지 반응이 좋았다고 한다. 그래서 네팔 외에도 캄보디아와 필리핀, 미얀마와 중국 등에서 글로벌 프로젝트를 진행하고 있다.

바라봄 사진관이 해외로 봉사의 영역을 확장한 또 다른 이유는 고생을 뛰어넘는 성과와 보람이 있기 때문이라고 한다. 다른 사람들을 위해 수고하고 애쓰는 가운데 많은 것을 배우고 느끼며, 여기서 얻은 에너지는 더 많은 사람들을 향해 나아가는 원동력이 된다. 자신들을 돕기 위해 먼 곳까지 온 바라봄 사진관에 열광적인 반응을 보이는 그들의 순수함에 사진 찍는 사람으로서 정말 기분이 좋다고 했다. 주는 사람과 받는 사람이 모두 만족하는 게 바라봄 사진관의 글로벌 프로젝트다. 말하자면 서로 행복을 주고받는 것이다.

누군가에게 무언가를 선물하는 것은 기분 좋은 일이다. 그 선물이 사진을 통해 가족의 웃음과 행복을 선사하는 것이라면 그 가치는 이루 말할 수 없다. 네팔을 감동시킨 작은 사진의 힘, (재)아름다운커피와 바라봄 사진관의 협업은 이렇게 네팔인들에게 행복을 선사하고 있다. 나종민 대표의 말이 가슴을 울린다.

"우리는 당연히 해야 할 일을 할 뿐입니다. 세상을 비판하기보다는 자신이 해야 할 일부터 묵묵히 하는 사람들이 많아졌으면 좋겠습니다."

공유하며 즐겨도 삶은 열린다
■ ■ ■

와아! 야구팬들의 뜨거운 함성 속에 나종민 대표가 돔구장에 들어섰다. 2017년 7월 23일, 고척 스카이돔에서 열리는 프로야구 넥센 대 KT의 경기에 시구자로 공을 던지기 위해서다. 한두 번 몸을 푼 뒤 포수를 향해 힘차게 공을 던졌다. 그럴듯한 폼과는 달리 공이 힘없이 떨어졌다. 하지만 야구팬들은 환호했다. 장애인과 소외계층을 위한 무료사진 촬영으로 사랑을 전파하는 가운데 사랑의 시구자로 선정된 그를 향한 환호였으리라.

"나종민 대표님과 바라봄 사진관이 엄청난 응원을 받은 셈이네요. 회사에 다니셨다면 절대 찾아오기 힘든 순간이겠지요?"

"제가 45세 때 회사를 그만두지 않았다 해도 1·2년 내에 비슷한 고민에 빠졌을 거예요. 그만두는 시점이 늦어질수록 미래에 대한 고민은 더 커졌으리라 봅니다. 이렇게 볼 때 저는 지금 무척 행복합니다. 이제는 친구들이 저를 많이 부러워합니다."

지금이 훨씬 행복하다는 나종민 대표의 말이 가슴에 와 닿았다. 그가 지금까지 회사를 다니고 있었다면 여전히 미래에 대한 고민으로 힘들어할지도 모른다. 그 또래의 사람들은 지금의 나종민 대표를 부러워한다. 하지만 부러워하면서도 실행하지 못하고 있으니 무척이나 아이러니하다. 인생 후반기를 결정하는 것도 결국 선택의 문제다. 돈이냐 가치냐를 놓고 선택한다기보다는, 마음에 감동이 오는 대로 응답하는 게 중요하다는 이야기다.

"부러워한다는 것은 동경한다는 게 아닐까요? 그런 사람들한테 하나의 모범을 보여주는 것도 바라봄 사진관의 역할이라고 생각합니다."

나종민 대표는 젊은이들과 소통하며 교류하는 것을 기쁨으로 여긴다.

"미래가 불확실할수록 청년들은 극단적인 생각을 하기 쉬워요. 그런데 장년들 가운데 청년들을 진심으로 이해하고 소통할 사람은 많지 않은 것 같습니다. 청년들이 저를 대화상대로 생각하고 마음을 여는 한 저 또한 그들을 위해 최선을 다할 겁니다."

요즘은 아무리 뛰어난 재주가 있어도 자신의 강점을 인정받지 못하면 아무것도 아닌 게 되어 버린다. 이 때문에 좋아하는 것을 특기로 발전시키고 지속적으로 나눔으로써 길을 발견할 수 있도록 이끌어주는 비영리단체나 사회적기업의 역할이 점점 더 주목받고 있다. 이런 조직들이 앞장서서 사람들이 고민을 함께 나누고 공유하는 가운데 빛날 수 있도록 도와줘야 한다. 자기만의 독특한 재능과 특기를 결과물로 이끌어내도록 도와줌으로써 인생을 특별하게 열어가는 사례가 계속 나타나야 한다. 이런 점에서 비영리단체나 사회적기업에 속한 멘토들의 역할이 크다.

나종민 대표는 과거 20년 이상을 시장경제 시스템에서 성공을 누리며 살아왔다. 그 뒤 10년은 오늘날의 시대정신에 걸맞은 방법으로 살아가고 있다. 의도한 바는 아니었지만 시장경제와 사회적 경제라는 극단을 경험하면서 삶이 바뀐 것이다. 과거와 같은 신자유주의나 경쟁과 성장, 발전의 패러다임이 아니라 사회적 경제나 공유처럼 서로 먹거리를 나누며 공생하는 키워드로 살아가고 있다. 돈이 전부는 아니고 공유하며 즐겨도 삶은 열린다는 것을 그는 자신의 삶으로 보여주고 있다. 먹거리를 많은 사람들과 행복하게 나누어가지는 삶을 있는 그대로 보여주는 것으로 청년들과 사회적 약자들을 응원하고 있다.

영리와 비영리의 경계를 넘어

"이보다 어려운 것들은 쌔고 쌨다. 지금 힘들다고? 대체 뭐가 힘든 거냐? 별 것 아니잖아."

위기의 순간에 그가 혼자 중얼거린 말이다. 40대 중반에 회사를 그만

됐을 때 미래에 대한 염려가 몰려왔다. 폼 나게 회사를 나왔지만 막상 할 게 없었다. 다시 취업을 할까도 생각해 보았다. 사진관 문을 연 초창기에는 수익모델이 없었기 때문에, 있던 것마저 까먹을 수밖에 없었다. 세 명에서 시작했지만 중간에 다 떠나버렸다. 힘이 빠질 수도 있었지만 힘들다는 생각은 하지 않았는데, 돌이켜보면 좋은 쪽으로 생각하는 긍정 마인드가 위기를 극복하는 일등공신이 되었다.

"영리업계에 오랫동안 종사하다가 비영리 분야로 넘어오셨는데 양쪽의 속성은 무척 다르지 않나요? 적응하는 것은 고사하고 살아남기도 참 힘들 것 같은데요?"

"맞습니다. 저 또한 영리에서 비영리로 넘어오면서 이런저런 어려움이 많았어요. 한동안 좌충우돌하며 내린 결론이 바로 융합이었습니다."

영리와 비영리의 속성을 누구보다도 잘 이해하고 있는 그의 대안은 서로의 경계를 뛰어넘는 새로운 융합이 필요하다는 것이다. 그의 생각은 이렇다. 어느 한 분야에만 오래 있으면 아무래도 자기 방식 외에는 모른다. 예컨대 비영리에서도 마케팅이나 홍보와 같은 기법들이 필요하다. 영리 쪽의 잠재 고객이 비영리 쪽에서는 잠재 기부자이다. 양쪽 모두 세일즈를 해야 할 대상이라는 것이다. 그런데 비영리 쪽에서는 이런 기법들이 아직 부족하다. 이 때문에 영리 쪽에서 하던 방식을 비영리 쪽에도 적용할 수 있어야 한다. 단, 개인이나 사진관이 돈을 버는 것에 목표를 두지 않고, 돈을 벌어 사회에 기여하고 다른 사람을 돕는 것을 지향해야 한다는 것이다. 비영리 쪽의 사업을 효과적으로 진행하려면 영리 쪽의 기법을 도입해야 하는데, 이렇게 하려면 영리 쪽에서 해당 분야 전문가들을 영입해야 한다고 했다.

그와 이야기를 나누며 영리와 비영리의 관계를 생각해 보았다. 이제는 신발 만드는 회사가 게임회사와 경쟁하는 시대가 되었다. 게임만 하고 있으니 신발이 안 팔린다는 것이다. 전혀 연관성이 없는 두 곳이 영향을 주고받는 시대가 된 것이다. 하지만 두 분야를 단절된 것으로 이해하기보다는 나종민 대표가 이야기한 것처럼 융합적으로 인식하면 어떨까? 신발을 신고 걷거나 뛰는 것을 게임에 반영하여 두 분야 모두 함께 성장하는 방식 말이다. 이런 차원에서 본다면 영리업계는 비영리적 마인드를 가지고 기업의 사회적 책임을 강화하려는 자세가 필요하고, 비영리 분야도 영리업계의 장점을 흡수함으로써 봉사나 나눔을 효과적으로 실천해야 하지 않을까? 이런 점에서 영리업계의 은퇴자들이 비영리 분야에서 활동할 수 있도록 기회를 줘야 한다는 말이 가슴에 와 닿았다. 인생 후반기에 자신의 역량을 새로운 분야에서 발휘할 수 있도록 기회를 준다면, 이 자체만으로도 엄청난 응원이 아닐까? 이들이 비영리 분야에서 구체적인 성과까지 낸다면 더 많은 사람들에게 동기부여를 할 수 있다는 점에서 의미 있는 시도라고 생각한다.

돌아보면 나 역시 영리와 비영리의 세계를 경험했다. 비영리 분야라고 해서 영리업계에 비해 기법이 형편없이 떨어진다고는 생각하지 않는다. 중요한 점은 그것을 운용하는 사람이 어떤 마인드를 가지고 어떻게 활용하느냐에 따라 결과가 달라지지 않을까? 나종민 대표는 이런 융합의 정신을 적용함으로써 바라봄 사진관을 왕성하게 이끌어가고 있지만, 사람들의 질문은 여전히 먹고사는 문제에 집중해 있다.

"엄청난 연봉을 포기하고 비영리단체를 시작하셨는데 경제적으로 어렵지는 않나요?"

달리 말하면 비영리단체를 하면서 먹고사는 데 지장이 없느냐를 궁금해 한다. 비영리로 건너오기를 주저하는 첫 번째 이유가 바로 경제적 문제이기 때문이다. 이런 질문에 대해 그는 당당히 "예!"라고 답한다. 자신이 해보니까 되더라는 것이다. 관점을 바꾸면 돈에 휘둘리지 않고 살아갈 수 있다는 것이다.

그는 두 가지를 강조한다.

첫째, 수입이 아니라 수익이 중요하다는 것이다. 연봉이나 수입보다 더 중요한 것은 수익, 즉 쓰고 남는 게 얼마냐 하는 것이다. 그의 경우 소비패턴을 철저히 관리하여 꼭 필요한 데만 돈을 쓰니까 오히려 풍족한 삶을 살게 되었다고 한다.

둘째, 돈에 대한 철학을 반드시 배우고 가르쳐야 한다는 것이다. 자신도 경영학과 출신이지만 학교에서 돈의 철학을 배워본 적이 없었다.

"돈을 어떻게 벌어야 하는가에 대한 문제는 지금까지 충분히 가르쳐왔다고 봅니다. 그러니 이제부터는 돈을 어떻게 써야 하는가에 대한 문제에 초점을 맞춰야 하지 않을까요?"

영리와 비영리를 넘어 의미 있는 삶을 살기 위해서는 돈에 대한 관점을 먼저 정리해야 한다. 과거에는 돈을 많이 벌었지만 재미가 덜했고, 지금은 그때만큼 벌지는 못하지만 만족한다는 나종민 대표의 이야기가 가슴에 와 닿았다. 그에게서는 응원의 색다른 결을 발견한다. 소유하려는 욕심을 버릴 때 자신이든 다른 사람이든 마음을 열고 응원할 수 있겠다는 마음. 욕심을 내려놓을 때만 그 빈 자리에 응원을 올려놓을 수 있다는 것을 깨닫는다.

"어느 정도의 생활만 유지할 수 있다면 욕심 내지 말고 원하는 것을 하라고 권하고 싶어요. 최소한의 생활이 가능하다면 그때부터는 자신이 정말 원하는 행복을 추구해야지요."

가치 있는 일을 하면서 행복을 누리고, 그러면서도 먹고사는 게 가능하다는 나종민 대표. 그는 봉사하는 삶을 누리며 도움이 필요한 사람들을 응원하는 인생 2막의 역할모델을 주도적으로 만들어가고 있었다. 그가 장애인과 청년들의 사진을 찍어주는 것으로 인생 후반기를 열어가고 있다면, 한 사람의 멘티에 집중하면서 그 미래에 자신의 인생을 던지는 멘토도 있다. 음악을 매개로 멘티를 응원하고 그의 모든 것과 소통하는 삶은 보람이 큰 만큼 만만치 않다. 진흙 속에 묻힌 스타들을 발굴하는 사람, 음악과 멘티에 인생을 건 사람, 멘토 성악가 권순동을 만나러 가는 길. 노래하는 그의 목소리가 저만치에서 나를 이끈다.

9장

권순동

열정의 음색 가이드

권순동

테너인 줄 알았던 자신의 음색이 베이스라는 사실을 깨닫고 나서, 미운 오리새끼에서 백조로 탈바꿈했다. SBS《스타킹》의〈기적의 목청킹〉멘토를 하며 진가를 드러냈고, 어려운 처지에 놓인 사람들이 꿈을 포기하지 않도록 도와주는 멘토 성악가이자 음색가이드로 살아가고 있다. 이탈리아 빠르마 국립음악원 및 독일 쾰른 국립음대에서 연주학 박사학위를 받았고, 남서울예술종합학교 전임교수를 역임한 뒤 지금은 대한생활체육회 홍보대사 성악가로 지내고 있다.

사진이든 음악이든 그것이 다른 누군가를 향하는 것이라는 점은 비슷하다. 자신의 눈으로 피사체를 바라보는 사진과, 자신의 목소리로 다른 사람을 감동시키는 노래는 그래서 서로 닮았다. 바라봄 사진관 나종민 대표의 사진세계를 접한 뒤 음악가 권순동 교수를 만나러 가는 길은 왠지 낯설지가 않다. 사진과 음악은 둘 다 예술의 영역이라 할 수 있기에, 자기만의 재능을 이끌어내어 다른 사람들을 응원하는 멘토들의 모습이 어떤 식으로든 잇닿아 있을 거라는 기대감 때문일까?

　한 사람의 미래를 내다보고 그를 위해 자신의 인생을 던지고 있는 열정의 음색가이드 권순동 교수. 그는 성악을 전공했지만 대중가수가 되려고 노력했던 사람이다. 하지만 모두 실패하고 고향으로 내려와서 부동산 중개와 옷장사 등 음악과는 무관한 일을 하며 20대 중후반을 보냈다. 그러던 어느 날 29세의 늦은 나이에 이탈리아로 유학을 떠났고, 그곳에서 자신의 음색이 테너가 아니라 베이스라는 사실을 확인하게 된다. 그렇게 자신의 음색을 발견한 순간 그는 미운 오리에서 멋진 백조로 탈바꿈했다. 유럽무대에서 가장 합격하기 어렵다는 쾰른 WDR 국립방송국 상임단원과 막데부록 시립극장의 주역가수를 역임하는 등 발군의 실력을 발휘했다. 그리고 나서 귀국한 뒤에는 SBS 예능프로그램《스타킹》의 〈기적의 목청킹〉 멘토를 하면서 진가를 드러냈다. 이런 그를 만나러 가면서 기발한 생각이 들었다.

　'권순동 교수가 자신의 음색을 발견하여 다른 인생을 살아갔듯이 우리 각자에게도 자신에게 맞는 음색이 있는 게 아닐까?'

스타 성악가를 발굴하는 멘토

■ ■ ■

　권순동 교수가 SBS 《스타킹》의 멘토로 활약한다는 이야기를 들은 것은 대학교 동창모임이었다. 나 또한 학생을 가르치는 입장에서 멘토의 중요성을 알고 있던 터라 그의 노하우를 알고 싶었다. 솔직히 말하자면, 그가 어떻게 멘티들의 음색을 알아보고 그들의 강점과 약점에 적절한 처방을 내리면서 재능을 꽃피우도록 도와주는지 그 비결을 듣고 싶었다.

　"다른 사람의 음색을 알아보고 도움을 준다는 건 자기 음색을 찾아가는 것과는 무척 다를 것 같아요. 자식은 마음대로 안 된다는 말처럼, 에너지가 몇 배나 더 들어갈 것 같기도 하고요."

　그는 2010년 귀국 후 《파파로티》영화의 실제 주인공인 고딩 파바로티 김호중을 비롯하여 여러 잠재적 성악가들을 지도하고 있었다. 그러던 차에 SBS 《스타킹》에 출연하던 멘토가 갑자기 하차하는 일이 생겼고 그 자리에 후임으로 추천받았다. 당시 권순동 교수의 인지도가 높은 것은 아니었지만, 주변의 적극적인 추천과 레슨 받은 친구들의 제보로 멘토단에 합류하게 되었다. 음악적인 실력과 멘토로서의 문제해결 능력으로 TV에 출연하게 되었다는 뜻이다. 방송국이 그의 진가를 알아본 것이다.

　그렇다면 그의 손길을 거쳐 한 단계 더 올라선 스타 성악가로는 누가 있을까? 우선 유망주 스타킹에서 만나 5년 이상을 지도해서 콩쿠르를 휩쓴 바 있는 중딩 폴 포츠 양승우가 있다. 또한 78세의 나이로 〈기적의 목청킹〉시즌1에서 우승했던 이덕재 할아버지도 그가 지도했다. 그는 현재 84세인 이덕재 할아버지와 여전히 교류하고 있다고 한다. 휠체어 폴 포츠 황영택 씨와 정비공 폴 포츠 성정준 씨도 그의 지도를 받아 오랫동안 열망하던 벽을 뚫어냈다.

수많은 유망주들이 TV프로그램에 나와서 능력을 드러내고 선택받는 것을 보면서 그는 어떤 생각이 들었을까? 만일 누군가가 그 자신을 《스타킹》같은 프로그램을 통해 발굴해서 도와줬으면 하는 생각은 없었는지 물어보았다.

"멘토로 참가할 때마다 그런 생각을 하곤 합니다. 제가 타고난 음색을 찾지 못해 오랫동안 어려움을 겪었기 때문에, 누군가가 도와줬으면 빨리 제자리를 찾았을 텐데 하는 아쉬움이 늘 있습니다. 그러면서 저와 비슷한 어려움을 겪고 있는 사람들도 적지 않을 거라는 생각을 하게 되었어요. 이 때문에 《스타킹》에 멘토로 참여하게 되었습니다."

권순동 교수는 돈이 많아서 음악을 한 게 아니었다. 심지어 차비가 없어서 학교를 못 간 적도 있었다. 친구들은 부모님의 도움으로 쉽게 유학 생활을 시작했지만, 자신은 학비조차 힘겹게 조달해야 했다. 하지만 그런 어려움과 역경을 디딤돌로 삼아 그는 오늘날 스타 성악가를 발굴하는 탁월한 멘토가 되었다. 권순동 교수는 세상을 향해 이렇게 외친다.

"저는 한때 강남 밤무대에서 활동했습니다. 부동산 중개인과 자동차 딜러, 옷가게 점원까지 해보지 않은 일이 없습니다. 하지만 꿈을 포기한 적은 없었습니다. 포기하지 않고 나아가는 한 꿈은 언젠가는 이룰 수 있습니다."

오늘날 젊은이들에게는 "포기하지 않는다면 꿈을 이룰 수 있다."라는 말이 더 이상 진리가 아닐지도 모른다. 계속 꿈을 꾸면 언젠가는 이루어진다는 말은 요즘 같은 세태에서는 불가능한 것으로 여겨지기 때문이다. 하지만 권순동 교수는 멘티들과 함께 길을 만들어가면서 불가능할 것만 같았던 꿈이 실제로 이루어질 수 있다는 것을 보여주고 있다. 꿈꾸는 사람들의 입장에서 권순동 교수와의 만남은 하늘에서 내려온 동아줄을 잡는 것일지도 모른다.

너무 늦은 깨달음은 없다

인생의 소중한 가치를 깨닫는 데는 항상 시간이 걸린다. 하지만 그 시간을 줄여서 좀 더 빨리 의미 있게 살아갈 수 있도록 도와줄 수 있다면 얼마나 좋을까? 어떻게 보면 이런 행위야말로 한 사람의 인생을 제대로 응원하는 것이고, 멘토야말로 바로 이런 역할을 하는 사람이 아닐까?

노래하는 사람들의 멘토 권순동 교수는 전형적인 엘리트 코스와는 동떨어진 삶을 살아왔다. 상업계 고교를 졸업한 뒤 어렵사리 음대에 진학한 그는 자기 음색이 무엇인지도 모른 채 실패를 거듭하다가 마지막으로 유학을 선택했다. 하지만 하늘이 그를 위해 동아줄을 내려준 것일까? 유학하는 동안 그는 평생의 멘토를 만나 자기의 고유 음색을 발견하게 되었고, 이 일로 인생의 전환점을 맞이했다. 그 후 그는 독일 오페라하우스에서 두각을 나타내게 되었고, 귀국해서는 SBS《스타킹》멘토 활동을 비롯하여 각종 방송출연과 연주활동, 후학양성, 음악을 통한 재능기부 등을 통해 존재감을 드러내기 시작했다.

하지만 대학을 졸업한 뒤 성악가로 나설 때만 해도 그의 미래는 암울하게만 보였다. 대학 졸업과 함께 출전한 콩쿠르와 오디션에서 실패를 맛본 그는 20대 중반에 가방 두 개를 들고 무작정 상경한다. 성악에는 재능이 없다고 판단하고 가수가 되어야겠다고 생각했기 때문이었다. 그 뒤 1989년에 우연히 TV광고를 보고 KBS합창단에 입사를 했고 1990년에는 MBC합창단으로 자리를 옮겼다. 이때 남는 시간을 이용해 강남 밤무대의 문을 두드렸는데, 한 푼이라도 더 벌자는 생각도 있었지만 밤무대를 통해서라도 가수의 꿈을 키우고 싶었다고 한다. 하지만 유명가수가 한 달에 3,000만 원을 받는 데 비해 자신은 고작 30만 원을 받으면서 심한 회의를 느꼈다.

'아, 이 세계에서도 꿈을 이룰 수 없구나. 이제 음악을 접을 수밖에 없겠구나.'

그 일 이후 그는 합창단과 밤무대에 모두 사표를 내고 낙향했다. 그때부터 부동산회사에 취직해서 땅을 보러 다녔다. 옷장사와 양품점, 피아노학원도 했고 돈 되는 일이라면 무엇이든 했다고 한다. 하지만 세상살이는 녹록지 않았고 경제적인 어려움이 따라다녔다. 아침에 눈을 뜨는 게 무서웠고, 다음날이 오지 않았으면 할 정도로 어려운 시기를 보냈다.

"그때는 정말 죽고 싶었습니다. 탈출구가 보이지 않았거든요."

아무것도 보이지 않는 상황에서 그는 유럽유학을 떠났다. 학비가 공짜였기 때문에 생활비만 벌면 어떻게든 버틸 수 있을 것이라는 생각이었다. 유학할 돈도 없고 늦었다는 생각이 가득했지만, 꿈을 이룰 수 있는 마지막 기회라 생각하고 용기를 내어 도전해 보기로 했다. 모든 것을 다 내려놓고 떠난 유학길. 음악을 하기에는 늦은 29세라는 나이에 유럽행 비행기에 오른 그의 마음속에는 꿈을 향한 간절한 마음뿐이었다.

만일 그가 평탄한 인생을 살아왔고 아무 걱정 없이 음악을 했다면, 어렵고 좌절하는 멘티들이 꿈을 이루도록 돕는 일에 헌신할 수 있었을까?

아마도 쉽지 않았을 것이다. '늦었다, 뒤쳐졌다'라고 느꼈지만 포기하지 않고 자신이 할 수 있는 모든 것을 묵묵히 해낸 뒤 성공의 기쁨을 맛본 그이기에, 비슷한 어려움을 겪는 멘티들의 조력자로 나설 수 있지 않았을까?

어쩌면 실패와 좌절의 끝에서 일어서는 경험이 성공만 편식하는 것보다 더 중요할지도 모른다. 그때 얻은 에너지는 누군가를 다시 일어서게 하는 응원의 에너지로 재활용될 수 있기 때문이다. '나는 충분히 할 수 있어.'라는 자신감과 실행력을 두 손에 쥐고 있는 한, 너무 늦은 깨달음이란 없다. 깨달았을 그때가 바로 적기이다.

베이스임을 깨달은 미운 오리 테너

《미운 오리새끼》라는 안데르센 동화가 있다. 원래는 백조였던 미운 오리새끼가 오리형제들에게 구박을 받지만, 자라면서 결국 눈부신 백조의 모습을 드러낸다는 얘기다. 어쩌면 꿈을 향해 달려가는 동안에는 우리 모두 미운 오리새끼일지도 모른다. 유럽유학을 떠나기 전까지 자신의 음색을 찾지 못했던 권순동 교수도 마찬가지였다.

그는 대학을 졸업할 때까지 테너였는데, 소리가 안 올라가다 보니 간혹 바리톤 자리에 서기도 했다. 한마디로 목소리의 정체성이 참 모호했고, 결국 자기 음색이 정확히 무엇인지도 모르고 졸업했다. 그러다가 먼 유럽까지 와서 "너의 음색은 그게 아니야."라는 말을 들었을 때 엄청난 충격을 받았다고 한다. 마리아 루이자 치오니 Maria Luisa Cioni 라는 유명한 음악 멘토가 그를 지도해서 음색을 찾아준 것이다. 테너인 줄 알았는데 베이스라는 사실을 아는 순간 세상이 달라졌고, 그 선생님에게 6개월간 지도를 받아 나간 국제 콩쿠르에서 1등을 했다.

'이탈리아 국제 콩쿠르에 첫 출전해서 남자부문 1등에 오르다니!'

도무지 믿기지 않았다. 한국에서는 지방 콩쿠르의 예선도 통과하지 못했는데 국제대회에서 1등을 했다고 하니, 처음에는 행정착오나 심사결과가 잘못된 게 아닐까 하는 마음에 불안하기만 했다고 한다. 모든 출전자들이 떠난 후 혼자 남아 자리를 지키고 지킨 끝에서야 자신이 1등에 오른 게 잘못되지 않았다는 걸 실감했다고 한다.

'아, 내가 정말 우승을 했나 봐!'

음색을 찾기 전에는 한국의 지방 콩쿠르 예선조차 통과해본 적이 없던 그였기에, 성악의 본고장이라 할 수 있는 이탈리아의 국제 콩쿠르에서 1등에 오른 게 실감이 나지 않을 수밖에 없었다. 그동안 잠자고 있던 자신의 잠재력을 확인하는 순간이었기에 놀라울 수밖에 없었으리라.

그해 여름 권순동 교수는 이탈리아 사보나 국제 콩쿠르에 출전해서 1등이 없는 3등을 하게 된다. 백조의 깃털이 본격적으로 돋아나는 순간이었다.

그런데 그가 처음부터 평생의 음악 멘토가 되어준 치오니 선생과 연결된 것은 아니었다. 그녀는 너무도 유명한 소프라노라서 레슨을 받을 수 있는 기회가 주어지지 않았기 때문이다. 간절한 마음으로 갈망하던 어느 날 갑자기 기회가 찾아왔다. 동문 후배가 감기에 걸려서 권순동 교수에게 대신 갈 수 있냐는 연락이 온 것이다. 이것이 계기가 되어 치오니 선생에게 배우게 되었고, 그녀의 헌신적인 지도로 그는 테너에서 베이스로 목소리의 길을 찾아갈 수 있었다. 나중에 들어보니 치오니 선생은 권순동 교수에 대해 '이 친구는 하얀 도화지 같다. 그림을 그리는 대로 따라오는 재주가 있다.'라는 평가를 내렸다고 한다. 치오니 선생과의 만남을 통해 그는 유럽 무대에서 마침내 백조로서의 정체성을 찾게 되었다.

　헌신적인 멘토의 도움으로 음색을 찾게 되면서, 그는 자신과 비슷한 문제로 고민하는 사람들에게 깊은 관심을 가지게 되었다. 중앙대 출신의 국내파 테너를 지도해서 한국 오페라 50주년 기념 페스티벌에 《리골레토》의 바리톤 주역가수로 데뷔시키기도 했고, 성악을 포기했던 학생을 설득해 독일로 유학을 보내서 마인츠 국립음대를 졸업하기도 전에 비스바덴 국립극장에 주역가수로 데뷔시키기도 했다. 소프라노라 여겼던 사람에게 메조소프라노라는 진짜 음색을 찾아주어 주역가수로 데뷔시킨 것이다. 누군가의 인생을 찾아준 것만큼 놀라운 게 또 있을까? 이런 점에서 권순동 교수의 멘티들은 세상에 다시없을 엄청난 응원을 받은 셈이다.

　자신의 장점을 모른 채 평생을 보내는 사람들이 많기에, 권순동 교수의 일은 너무도 소중하게 다가온다. 나의 경우에도 전혀 몰랐던 장점을 누군가에게 전해 듣고 놀랐던 적이 있다.

　'너의 숨은 장점은 사람들의 이야기를 잘 들어주는 경청이야.'

　내 이야기를 앞세우기보다는 상대방의 입장에서 먼저 들어주다 보니 많은 사람들이 편안해했다. 덕분에 자신의 고민을 얘기하는 사람들에게 상담해준 경우가 적지 않다. 그러다 보니 어느 순간 이해관계 조정과 갈등해결의 적임자가 되곤 했다.

　권순동 교수가 처음부터 완벽한 브랜드였던 것은 아니었다. 멘토의 도움을 받아 자신의 브랜드와 진가를 발견하기 위해 한 걸음씩 나아갔을 뿐이다. 우리 주변에는 오랫동안 한 분야에서 일해 왔지만 재미도 성과도 없다고 고민하는 사람이 적지 않다. 심지어 자신의 일이 천직인 줄 알고 즐겁게 일하면서 성과까지 제대로 내는 사람은 5퍼센트도 안 된다는 이야기도 있다. 계속 노력하는데도 실패하는 사람에게 권순동 교수는 어떤 답을 줄 수 있을까?

"누구나 자기만의 음색이 있습니다. 그 음색을 늦게 발견했다고 해서 패배한 것은 아니에요. 자기만의 음색을 찾기만 한다면 결코 늦은 게 아닙니다."

권순동 교수는 자신의 음색이 뭔지 몰랐을 때는 진가를 제대로 드러내지 못했지만, 음색을 찾은 순간 전혀 다른 사람이 되었다. 성악의 본고장인 유럽의 여러 콩쿠르에서도 실력을 인정받았고 결국 음색을 찾아주는 멘토로서 자신의 재능을 유감없이 발휘하고 있다. 시작이 반이라는 말처럼, 실체를 깨닫는 순간 이미 절반은 온 것이다. 새롭게 시작하기에 너무 늦은 때란 없다. 권순동 교수가 지금 묻는다.

"당신이 정말 좋아하는 게 뭔가요?"

권순동 교수는 위기 순간에 자기만의 음색을 찾아 인생의 전기를 맞이했다. 백조로서의 정체성을 되찾아 드넓은 호수를 유유히 헤엄치고 있다. 미운오리 새끼였던 시절의 어려움을 잊지 않고, 수많은 멘티들과 소중한 경험을 나누기 위해 고군분투하고 있다. 잠재적인 성악가를 발굴하여 자기 목소리를 낼 수 있도록 응원하는 멘토 성악가로서 힘차게 날갯짓하고 있다.

양승우와 함께 양승우를 위하여

■ ■ ■

"중딩 폴 포츠 양승우 나오세요."

독특한 별명과 함께 이름을 부르자 까무잡잡한 중학생이 걸어 나왔다. 2012년 SBS《스타킹》〈기적의 목청킹〉에 양승우가 처음 출연한 것이다. 멘토단 심사석에 앉은 권순동 교수는 중학교 2학년생 양승우가 대성할 재목임을 알아차렸다. 될성부른 나무로 자라날 거란 걸 알아본 것이다.

일단 양승우의 두 가지가 권순동 교수의 마음을 움직였다. 그 학생은 다른 아이보다 2~3배 이상의 우렁찬 소리와 음악에 대한 간절함을 지니고 있었다.

당시 양승우는 집안 형편이 어려운데도 자신을 열심히 뒷바라지하는 부모님께 커서 효도하겠다며 눈물을 보였다. 진실한 눈물이 마음을 움직였다. 자신이 배고파 봤기 때문에 양승우에게 마음이 열린 것이다. 권순동 교수는 자신이 멘토의 도움으로 음색을 찾고 유럽에서 오페라가수 주역으로 활약했던 것을 잊지 않고 있었다.

'음악적인 자질도 있고 음악에 대한 간절함도 있으니 내 경험을 녹여서 가르친다면 크게 성장하지 않을까?'

양승우는 중학생 때부터 동네의 상이란 상은 모조리 휩쓸면서 가능성을 보인 데다 가난한 가운데서도 음악에 대한 열정을 이어가고 있었기에, 권순동 교수는 어린 중학생에게서 스타로서의 잠재력과 가능성을 발견한 것이다.

"서울 메이저학교 학생들을 가르쳐 보면 곡을 익혀 오는 데 1주일이 걸려요. 그런데 승우는 빠르면 사흘 만에, 그것도 다 외워 왔어요. 성실함과 열정이 남달랐죠."

멘토의 역할은 멘티가 자기 브랜드를 찾을 수 있도록 끊임없이 도와주는 것이다. 만일 내가 학생 양승우라면 어땠을까? 미래가 보이지 않는 상황인 데다 도와줄 사람이 아무도 없는 암울한 상황에서 노래 하나 붙잡고 《스타킹》에 나가 모든 것을 걸어야 하는 절박한 입장이라면 말이다. 과연 그처럼 열정적으로 노래할 수 있었을까?

학생을 가르치는 교수의 자리에서 한국중앙자원봉사센터장으로 가고자 선택했을 때, 기대감과 두려움이 교차하면서 최종 OK사인을 받을 때까지 준비하며 기다렸던 기억이 난다. 학생 양승우에게는 다른 선택사항이 없었고 오직 노래밖에 없었기 때문에 절박감이 훨씬 크지 않았을까? 권순동 교수는 전라남도 광양에 있던 양승우 학생의 집으로 내려가서 부모님을 만나 허락을 받았다.

"이 아이는 정말 재능이 있어요. 제가 한번 키워보겠습니다."

그때부터 권 교수는 양승우와 6년간 한 집에서 먹고 자면서 모든 것을 전수해 주기 시작했다.

'누군가 나를 이끌어주었더라면 나도 훨씬 더 잘 되었을 텐데.'

이런 아쉬움과 회한이 양승우에게 더욱 집중하도록 만들었고, 이렇게 권순동 교수가 모든 것을 집중해 헌신하는 가운데 양승우는 또 하나의 아들이 되었다. 권순동 교수는 양승우를 위해 연주회 기회를 만들고 장학금을 조성했으며, 멘티가 더 나은 배움의 여건을 마련할 수 있도록 발 벗고 나섰다. 양승우와 함께 양승우를 위하여 자신의 인생을 걸었다.

"자신의 인생을 걸 만큼 양승우 학생을 가르치는 게 중요한 일이었나요?"

"예, 제가 좋아서 한 것이죠. 기쁨이 없다면 억지로 하지 못합니다. 성악가로 성공하기 위해서는 먼저 사람이 되어야 하기에, 기법보다는 인격과 삶을 가르치고 싶었습니다."

제자 양승우를 만나 같이 지내고 후원하는 것은 권순동 교수의 기쁨이기도 했다. 중요한 사실은 그가 기능적인 것만이 아니라 마음의 토양을 다져주는 멘토의 삶을 실천한 것이다. 그는 재능을 가진 사람이라 해도 성공하려면 먼저 사람이 되어야 한다고 보았다. 실력보다 중요한 것은 사람들과 인격적인 관계를 맺는 것이기에, 삶속에서 누군가를 배려할 수 있을 때 진정한 스타가 될 수 있다는 게 그의 생각이다. 이렇게 볼 때 권순동 교수가 기능에 앞서 삶을 가르쳤기에 오늘날 대한민국에서 존재감 있는 청년성악가가 탄생한 게 아닐까?

자신의 먹거리를 확보하는 게 쉽지 않은 요즘 상황에서 실력보다 성품이 중요하다는 말이 공허하게 들릴지도 모른다. 실력을 쌓기에도 시간이 턱없이 모자라고 벅차기 때문이다. 하지만 양승우 같은 멘티들이 권순동 같은 멘토들을 만나게 된다면, 전혀 불가능한 일은 아닐 것이다. 박태환, 김연아가 수상한 대한민국 인재상을 받은 양승우가 자칫 교만하지 않도록 인사성과 예절을 가르친다는 권순동 교수를 보면서 멘토링의 기본은 인성이라는 것을 다시 한 번 깨닫는다.

양승우가 독일 함부르크로 유학을 떠난 지금도 메시지를 교환하며 조심해야 할 점을 가르쳐 준다. 자칫하면 방종할 수 있는 것이 외국생활이므로 독일에서의 삶이 중요하다고 보기 때문이다. 멘토로서 언제 가장 보람을 느끼냐고 묻자 이런 답이 돌아온다.

"가르치는 즐거움과 인재를 기르는 보람이 있지요. 저 역시 승우를 통해 도전받고 함께 성장하고 있습니다."

멘티가 자신의 가치와 브랜드를 발견할 수 있도록 도와주고, 소통을 통해 스스로 브랜드를 발견하게끔 이끌어주는 것이 멘토의 역할이다. 권순동 교수는 일찍이 학생 양승우의 가능성을 알아보고 한 사람의 음악가로 성장하도록 전심전력을 다해 도와주었다. 자신이 체득한 비법과 노하우를 나누어줌으로써 양승우가 자신의 장점을 스스로 발견하도록 북돋아 주었다. 무엇보다 인간성에 초점을 맞추어 인격적인 삶을 배울 수 있도록 가르쳤다. 양승우를 통해 가르치는 즐거움과 인재를 기르는 보람을 느끼고 있는 멘토 권순동. 그러나 그 역시 멘티 양승우를 통해 도전받고 기쁨을 얻는다. 함께 성장하고 자라는 것이 멘토 권순동과 멘티 양승우가 나누는 인간관계의 본질이 아닐까?

상대방이 목표에 이르도록 도와주고 격려하는 게 응원이니, 멘티를 향한 멘토의 삶은 그 자체로 응원이라 할 수 있다. 응원을 받는 상대방이 단지 잘 되기를 바라는 마음을 넘어 자신보다 훨씬 더 아름다운 모습으로 자라가기를 바라는 진심과 열망이 담긴 게 응원이다. 이런 점에서 멘티 양승우는 멘토 권순동의 응원이 빛을 발하고 있다는 것을 청출어람으로 보여주고 있다.

멘토 성악가가 꿈꾸는 노래

■ ■ ■

"여보, 나 다음 달에 공연이 있어서 감기 걸리면 안 돼요. 그리고 1주일 뒤에는 피아노 반주법을 가르쳐야 하니까 당신한테 시간 많이 내주지 못하더라도 이해해 줘요."

"그래 알았어요. 나는 괜찮으니 집중해서 잘 준비해요."

나는 성악가 아내와 살고 있다. 그렇기 때문에 성악가로 산다는 게 얼마나 힘들다는 것을 잘 알고 있다. 연주를 위해 목소리를 가다듬어야 하고 음식을 조심하며 철저히 자신을 관리하는 것을 옆에서 지켜본다. 누군가를 가르치기 위해 준비하는 게 얼마나 힘든지를 아내를 지켜보며 느껴 온 것이다. 이 때문에 성악가 멘토로서 누군가를 가르친다는 것 또한 타고난 인내와 철저한 준비가 필요하다는 것을 잘 알고 있다. 멘티와 삶의 전 영역에서 접점을 형성하며 응원하는 권순동 교수의 삶 또한 이보다 더 철저했으면 했지 덜하지는 않았으리라.

문득 멘토 성악가 권순동 교수가 꿈꾸는 미래가 궁금해졌다. 그는 유학 가기 전에는 비행기를 타 본 적이 없다. 감히 이탈리아를 간다고는 상상하지도 못했다. 그런 그가 외국에 나가 16년 동안 오페라의 주역을 하며 활동했다. 그는 이제 많이 가진다고 행복한 게 아니라는 것을 아는 나이가 되었다. 그래서 나눔의 삶을 살기로 결심했다.

'내가 받은 것, 좋은 목소리, 삶속에서 깨우쳤던 노래를 잘하는 방법들과 노하우들을 나누며 살아야겠구나.'

그는 결손가정에서 자라나 범죄의 길로 들어설 수밖에 없었던 소년원 아이들을 돕는 것을 꿈꾸고 있다. 실제로 소년원에 합창단을 만드는 것을 제안받기도 했는데, 지금은 이런 사회적 약자들을 돕기 위한 봉사단을 이끌고 있다. 처음에는《스타킹》출연자들을 대상으로 봉사단을 구성하여 활동하다가 폭을 넓혀 좋은 뜻에 동참하겠다는 일반인도 참여해서 스타킹 문화예술체육진흥원이라는 사단법인을 준비하면서 회장을 맡고 있다. 또한 그는 후학 양성에 힘쓰며 한국을 넘어 세계적인 무대로 진출할 수 있는 재원을 발굴 육성하는 멘토로 살아가는 꿈을 꾸고 있다.

사회적 약자의 멘토로 활동하는 그의 삶을 잘 보여주는 사례가 있다. SBS《스타킹》에 출연한 색소폰 신동 이수정 양은 2014년 영창 대상을 수상하고 꿈에 그리던 버클리 음대에 합격했지만 집안형편이 어려워 포기하려 했다. 이런 사실을 알게 된 권순동 교수는 그녀가 꿈을 이룰 수 있도록 도와주기 위해 부모님을 설득하고 후원자들을 연결시켜 버클리 음대에 진학하도록 도움을 주었다. 이 가운데 이수정 양도 권순동 교수와 함께 교정시설·학교·공공단체를 찾아 음악으로 사회적 약자를 위해 봉사를 했다. 현재 그녀는 버클리 음대에서 꿈을 키우며 재학 중이라고 한다. 권순동 교수는 자신이 어려운 시절을 겪으며 성장했기 때문에, 난관을 극복하고 일어서려는 사람들을 실질적인 방법으로 도우면서 응원하고 있었다.

그는 음악적으로 소외된 사람들을 위해 그들의 눈높이에 맞는 음악으로 봉사하는 사람이 되고 싶어 한다. 낮은 곳에 있는 사람들과 소통하며 가요를 원하면 가요도 불러줄 수 있는 겸손한 성악가, 신분과 지위를 떠나 대중과 소통하는 성악가로 살아가기를 희망한다. 그래서 대중음반도 만들었고 공익을 목적으로 한 음반도 만들게 되었다. 그는 현재 출신대학교 동문 합창단을 지휘하고 있다. 이유는 간단하다. 애창곡 하나 없는 동문들이 너무나 많고, 동문들의 연령대가 20대에서 80대까지 60년의 간극이 있는 것을 보고는 '음악을 통해 뭔가 구심점을 만들 수 있지 않을까?' 하고 생각한 것이다. 그래서 노래와 발성법도 가르쳐주고 할 수 있다는 자신감도 심어주고 있다.

그는 무대에서만 성악가일 뿐 무대에서 내려오면 소시민이다. 한 사람의 평범한 시민으로 세상과 호흡하며 둥글둥글하게 사는 게 아름답다고 생각한다. 그가 그리는 미래는 이런 소박한 삶이 아닐까?

"작은 것을 소중히 하고 감사해야 큰일도 해낼 수 있다고 봅니다. 가끔은 하늘과 들풀을 바라보기도 하고, 옆에서 위로가 되어주는 사랑하는 사람들을 돌아보며 함께 행복해지는 길을 펼쳐가고 싶습니다."

그의 이야기를 들으며 행복은 가까운 곳에 있으며 나누는 가운데 더욱 풍성해진다는 것을 깨닫게 된다. 멘티의 브랜드 가치를 발견하고 그것을 일깨워주는 것이 음색가이드 권순동이라면, 도움을 받은 멘티도 멘토와 함께 자라면서 또 다른 사람들에게 멘토가 되어줄 수 있어야 한다. 심지어 멘토가 힘들어할 때는 멘토를 응원하며 소통할 수 있어야 한다. 멘토 권순동과 삶을 나누는 중딩 폴 포츠 양승우를 만나 배우면서 주도적으로 소통하는 멘티의 자기관리와 리더십을 배워보자.

10장

양승우

노래로 세상을 움직이는 작은 거인

양승우

한때 중딩 폴 포츠로 알려졌던 청년 성악가로서, 권순동이라는 평생의 멘토를 만나 실력뿐만 아니라 삶 자체도 업그레이드되었다. 노래로 세상을 움직이는 작은 거인인 그는 음악을 통해 세상과 소통하려 한다. SBS 《스타킹》에 출연해 실력을 인정받았고, 2014년에 이화경향 콩쿠르 1위, 2015년에 한국성악 콩쿠르 고등부 대상 등 각종 콩쿠르를 석권했고 같은 해에 대한민국인재상을 받았다. 현재 독일 함부르크에서 유학하며 음악으로 소통하는 꿈을 키워가고 있다.

자식을 낳고 기르면서 부모는 몇 번의 기적을 경험한다. 생명을 잉태하는 기쁨이 첫 번째 기적이라면, 아기가 어느 순간 "엄마, 아빠!" 하고 세상과 소통하는 장면을 목격하는 게 두 번째 기적이다. 이런 점에서 멘티가 자기 분야에서 제 목소리를 낼 수 있기까지 이끌어주는 동안 기적과도 같은 성장을 목격하는 멘토는, 멘티에게 부모와 같은 존재다. 멘티는 멘토의 응원으로 자라고 멘토와 함께 세상으로 나아가는 꿈을 꾼다.

지금까지 권순동 교수는 여러 명의 멘티들과 소통하는 동안 숨겨진 강점들을 발견하도록 이끌어주었는데, 그중에서 대표적인 멘티가 바로 제자 양승우였다. 양승우 씨가 자신의 재능을 꽃피워 브랜드 가치를 높일 수 있었던 것은 권순동 교수와의 치열한 소통 덕분이라 해도 과언이 아니다. 세상 모든 스승들의 바람처럼 권 교수도 제자 양승우가 잘 자라서 또 다른 사람에게 도움을 줄 수 있기를 바랐고, 제자는 자기 분야에서 실력과 전문성을 쌓아나가며 소통하는 멘토로 성장하고 있다.

중딩 폴 포츠 양승우 씨는 SBS《스타킹》에 출연해서 실력을 인정받았을 뿐만 아니라 국내 각종 콩쿠르를 석권하고 대한민국 인재상을 수상할 정도로 뛰어난 청년 성악가이다. 현재는 독일 함부르크에서 유학 중인 그는 탁월한 멘토를 만나 실력뿐만 아니라 삶 자체도 업그레이드되었다. 그에게는 멘토와 끊임없이 소통하려는 열린 마음이 있고, 멘토의 조언을 치열하게 적용하려는 겸손함과 배움의 자세가 있다. 멘티의 진정한 배움은 멘토를 인정하는 데서 출발하고, 이를 통해 끊임없이 발전하는 것이야말로 멘토를 향한 최고의 응원이 아닐까? 멘티가 멘토에게 지식과 헌신으로 응원을 받는다면, 멘토는 멘티의 인정과 발전을 통해 응원을 받는다. 서로 소통하며 함께 자라가는 것이다.

중딩 폴 포츠, 《스타킹》에 서다

■ ■ ■

"중딩 폴 포츠 양승우 씨를 모시겠습니다."

사회자가 소개했을 때 양승우 씨는 심장이 터져버리는 줄 알았다. 가슴이 벌렁거리며 식은땀이 흘러나왔다. 《스타킹》에서는 주인공이 나올 때 무대가 열린다. 시청자들이 기다리는 무대까지 나아가는 길이 얼마나 길게 느껴지는지……. 그는 자신을 주목하는 촬영 장비를 보는 순간 너무도 긴장해서 대본을 완전히 잊어버렸다고 한다.

"그때까지 방송무대에 서본 적이 없었거든요. 너무 긴장해서 겨우 입을 열었죠. 저의 첫 무대이자 가장 기억에 남는 무대였습니다."

《스타킹》무대에 섰던 당시를 떠올리는 그의 표정에서 잔뜩 긴장감이 느껴졌다. 지금의 그를 있게 한 무대였으니 일생 동안 잊히지 않을 것 같았다.

"그렇다면 양승우 씨의 인생이 바로 거기서 결정되었다고 봐야겠네요."

양승우 씨가 《스타킹》 출연을 제의받았을 때는 강호동 씨가 진행할 때였다고 한다. 인터넷에 올려놓은 동영상을 보고 섭외가 들어왔던 것이다. 그러던 차에 강호동 씨가 방송에서 하차하고 담당 PD와 작가가 바뀌면서 출연이 무산되는 듯했는데, 〈기적의 목청킹〉 시즌2에서 다시 전화가 온 것이다. 처음에는 거절했지만 작가로부터 새벽에도 밤에도 전화가 왔다. 그는 그때 이런 생각이 들었다고 한다.

'음악에 평생을 바치겠다고 생각한 나도 음악적 영감이 떠올랐을 때는 잠을 자다가도 일어나서 목청껏 소리를 질러 보기도 하고, 때로는 떠오르는 멜로디를 작곡한답시고 끄적거리기도 한다. 그러다가 문득 날이 밝아오는 것을 느끼더라도 피곤하지 않고 정신이 맑아지는 걸 느낄 때가 있다. 나를 섭외하려고 애쓰는 작가도 이런 마음이 아닐까?'

그는 가치 있다고 생각하는 것을 위해 밤잠을 설쳐가며 집중하는 작가의 모습에서 음악에 몰입하는 자신의 모습을 발견했다. 그러고 나니 작가의 전화를 받지 않을 수 없었다고 한다.

이렇게 우여곡절 끝에 《스타킹》〈기적의 목청킹〉에 출연하게 되었는데, 이것은 100일 프로젝트를 진행하면서 출연자들 가운데 가장 발전한 사람에게 CD음반도 내주고 후원도 해주는 프로그램이었다. 〈기적의 목청킹〉에만 네 번 나갔다는 양승우 씨에게 첫 무대에서 어떤 노래를 불렀는지 물어보았다.

"네순도르마 Nessun dorma 를 불렀어요."

"아, 투란도트의 아리아 〈공주는 잠 못 이루고〉라면 폴 포츠가 불러서 유명해진 노래군요."

순간 그가 멋진 목소리로 감미로운 노래를 부르는 장면이 떠올랐다. 하지만 동시에 짓궂은 질문 하나가 떠오른다. 각 분야의 대가라 해도 처음에는 두려워서 떨기도 하고 실수를 연발하기도 한다. 양승우 씨에게는 그런 경험이 없었을까? 특별히 기억나는 게 없냐고 물으니 뜻밖의 대답이 돌아온다.

"방송에서 울음을 터뜨렸지요."

괜히 미안한 마음이 들어 화제를 돌리려고 했지만, 그가 활짝 웃으며 덧붙인다.

"사회자가 부모님께 할 말이 없냐고 그랬어요. 당시 아버지는 포스코

비정규직이었는데 저 때문에 허리도 안 좋은데 예인선을 탔어요. 엄마는 파출부였고요. 부모님께 너무도 미안해서 공부 열심히 해서 호강시켜 드리겠다고 말하다가 그만 울어버렸어요. 그것 때문에 엄마도 같이 들어와서 울었어요."

요즘 보기 드문 착한 청년이라는 생각이 들었다. 부모님이 고생하는 것을 알고 호강시켜 드릴 생각을 하다니. 일반적으로 중학교 2학년생이라면 용돈을 달라고 떼쓰거나 반찬투정이나 하는 그런 나이가 아니던가. 그처럼 어린 나이에 가치 있는 한 가지에 매달린다는 것은 상상하기 힘든 그런 시기가 아닌가.

그때나 지금이나 양승우 씨에게 노래는 최고의 무기이자 최후의 수단이다. 자신의 강점과 잠재력을 가장 잘 드러내는 방식이 노래라는 얘기다. 그런데 음악이 너무 좋아서 매달리기도 했지만, 사실 그에게는 음악 외에 자신의 존재감을 드러낼 다른 방도가 없었다. 이 때문에 겨우 14세의 나이에 방송 무대의 치열한 경쟁에 도전했으며 최고의 히든카드를 뽑아들었다.

"멋진 친구를 만나고 싶다면 먼저 멋진 친구가 되라."는 말이 있다. 비록 탁월한 멘토를 만나 일취월장으로 커가고 있지만, 양승우 씨가 분야 최고의 멘토와 만날 수 있었던 것은 그가 최선을 다해 멋진 멘티로 스스로를 준비했기 때문이다. 기회의 문을 두드리려면, 어떤 역경에도 포기하지 않고 문 앞까지 나아가는 뚝심이 필요하다는 얘기다. 자신을 응원하고 다른 사람들까지 응원하는 길에 서려면, 양승우 씨처럼 자기와의 싸움에서 먼저 승리해야 할지도 모른다는 생각이 들었다.

어린 성악가, 가난과 싸우다
■ ■ ■

양승우 씨는 초등학교 때까지 전라남도 광양에서도 한참 들어가는 구석진 마을에서 살았다. 다섯 평도 안 되는 작은 공간에 화장실도 바깥에 있는 영락없는 시골에서 비정규직 아빠와 파출부 엄마 사이에서 자라났다. 엎친 데 덮친 격으로 초등학교 3학년 때는 화재가 나서 집안이 폭삭 망할 뻔했던 적도 있다. 화재로 집이 완전히 타버려서 길바닥에 나앉아야 할 상황이었는데, 불에 타버린 집에 도배장판을 다시 해서 겨우 삶을 이어갈 수 있었다.

양승우 씨는 형편이 어려워 피아노 학원을 다니지 못했다. 피아노를 배우면 재미있을 것 같았지만 교습료 때문에 엄두를 내지 못한 것이다. 그러던 어느 날 중학교 음악 수행평가 시간에 〈남촌〉을 배워서 부르게 되었는데, 선생님이 이렇게 말씀하셨다고 한다.

"승우야, 너 성악해 보면 어떻겠니?"

당시 그에게 성악가는 콧구멍을 벌렁벌렁하며 노래하는 웃기는 이미지로 다가왔기 때문에, 그는 선생님의 말씀을 심각하게 받아들이지 않았다고 한다. 그런데 뭔가 여운이 남았을까? 선생님이 성악을 해보라고 권했던 날, 엄마와 마늘을 까면서 그 이야기를 다시 하게 되었다.

"엄마, 선생님이 나보고 성악을 해보라고 하셨어."

"그래? 그럼 한번 불러봐."

어머니의 목소리에는 별로 기대감이 없었다.

당시 그는 무명에서 일약 세계적인 스타로 발돋움한 폴 포츠에게 열광하고 있었기에, 열심히 마늘을 까면서 〈타임 투 세이 굿바이Time to say good bye〉 음반을 틀어놓고는 우리말로 된 가사를 보고 불렀다. 노래를 부를 때는 몰랐는데, 끝나고 나서 보니 어머니가 울고 있는 모습이 눈에 들어왔다고 한다.

"승우야, 미안하다. 너의 재능을 미처 몰라봐서."

아버지는 아들의 노래를 듣더니 아무 말도 하지 못하고 연신 줄담배만 피웠다. 이렇게 타고난 재능을 가진 그였지만, 성악의 길로 들어서는 데는 좀 더 시간이 필요했다.

"처음에는 그냥 했어요. 그러다가 광주에 있는 광신대학교 콩쿠르에 나갔는데 우연찮게 1등을 하게 되었습니다. 그때부터 본격적으로 성악을 하겠다고 마음먹었어요."

양승우 씨는 노래 천재에 가깝다. 어떤 노래가 좋아서 부르게 되면 그 가사가 자연스럽게 외워질 정도다. 이렇게 음악적 재능을 타고난 그는 어려움을 이겨내며 단련한 집념과 노래를 해야겠다는 열정까지 준비한 상태였지만, 음악가로 나아가는 길은 여전히 희미하게만 보였다. 하지만 준비된 자에게 기회가 온다고 했던가. 그의 인생에 터닝포인트가 찾아왔다.

"중학교 2학년 때까지 저는 별다른 꿈도 없었고 다른 아이들에 비해 공부도 못했어요. 그런데 음악시간에 수행평가를 보면서 선생님께서 성악을 해보라고 하셨어요. 처음에는 그냥 흘려버렸지만, 그때 뭔가 동기부여가 되었던 것 같아요. 그동안 하고 싶었지만 집안형편 때문에 전혀 생각하지 않았는데, 선생님께서 인정해 주셨을 때 음악에 대한 욕구가 강하게 솟구쳐 올랐던 것 같아요."

앞에서도 얘기했지만 음악선생님의 권유를 받았던 날 양승우 씨는 부모님께 학교에서 있었던 일을 이야기하며 노래를 들려주었다. 취침시간을 제외하고, 집에서 활동하는 시간만큼을 학교에서 보내는 학생들에게 선생님들이나 친구들과의 만남은 인생에 큰 영향을 끼친다. 중학생 양승우가 자신이 좋아하고 잘하는 것을 다시금 확인할 수 있었던 음악선생님의 인정은 그의 삶을 변화시킨 첫 번째 응원이 아니었을까? 이런 점에서 우리는 인생을 변화시킬 수도 있는 응원의 순간을 흘려버리거나 무시해버리지는 않았는지 돌이켜봐야 할지도 모른다.

"길지 않은 제 음악인생에 가장 결정적인 터닝포인트라면 SBS《스타킹》에 나가서 권순동 교수님을 만난 것입니다. 선생님께 음악을 배우면서 제 인생이 완전히 변했죠. 그때부터 콩쿠르에서 전부 1등이나 대상을 받게 되었습니다."

사는 것이 힘들다고 해서 희망마저 꺾일 수는 없다. 가난은 사람을 위축시키기도 하지만 더욱더 강하게 성장시키는 토양이 되기도 한다. 양승우 씨에게는 음악선생님의 인정과 SBS《스타킹》출연은 인생을 뒤바꾸는 전환점이었다.《스타킹》에서 평생의 멘토를 만나 화려한 꽃을 피워낼 수 있었지만, 그가 헌신적이고 탁월한 멘토를 만날 수 있었던 것은《스타킹》에 출연할 만큼 열정적으로 자신의 재능을 발전시켜 왔기 때문이다. 타고난 재능도 부지런함과 확신으로 꾸준히 응원하지 않으면 꽃을 피워낼 수 없다.

멘토 나에게 오다

그가 SBS《스타킹》에 처음 출연했을 때였다. 녹화하는 날 대기실에 앉아 있는데, 멀찌감치 서서 유심히 지켜보는 사람이 있었다. 자기를 뚫어지게 바라보던 그 사람은 결국 참지 못하고 다가와 말을 걸었다.

"너, 목소리 참 좋구나."

그의 인생 멘토가 된 권순동 교수와의 만남이었다. 그를 만나기 전에는 힘들게 노력하는데도 제대로 풀리는 게 없어서 늘 풀이 죽어 있었는데, 권순동 교수와 인연을 맺고부터 자신감을 갖게 되었다. 멘토가 전해 주는 모든 말은 어린 양승우의 폐부에 깊이 꽂혔다고 한다.

"너, 아무 걱정하지 말고 나하고 같이 공부하자. 그냥 무료로 가르쳐 줄게."

멘토의 절대적인 응원은 방황하던 멘티 양승우에게 천군만마와도 같은 힘이 되어주었다. 그때부터 무려 6년이나 한 집에서 같이 살면서 권 교수로부터 음악에 관한 모든 것을 배우게 되었다.

"낯선 환경에서 멘토 선생님과 함께 생활한다는 게 쉽지만은 않았을 것 같아요."

"처음에는 선생님의 잔소리가 너무 듣기 싫었어요. 그런데 이유를 들어보면 다 맞는 거예요. 다 저한테 도움이 되는 것들이고요. 듣기는 싫었지만 맞는 말이니까 따를 수밖에 없었지요."

듣기는 싫었지만 맞는 말이니까 따랐다고 한 그의 태도에서 배우는 사람의 자세를 다시 한 번 확인하게 된다. 재능이 뛰어나다고 해서 반드시 탁월한 멘토의 선택을 받는 것은 아니다. 또한 실력만 뛰어나다고 해서 탁월한 멘토가 되는 것은 아니다. 건강한 두 인격이 만나 의미 있게 소통하는 가운데 세상에 긍정적인 영향을 끼치는 것이야말로 멘토와 멘티의 소통이 아닐까? 멘토는 멘티 양승우가 지닌 내면의 아름다움을 알아보고 삶과 음악으로 소통하기 시작했고, 멘티 양승우는 자신에게 들어오는 후원금 가운데 일부를 멘토와 의논하여 형편이 어려운 학생을 도와주는 방식으로 사회적 책임을 실천하고 있다.

"선생님, 지난번에 생활비가 없어서 하고 싶은 음악을 못하며 힘들어하는 수정이 이야기를 하셨잖아요. 그 소식을 들었을 때부터 도와줘야겠다는 생각이 제 마음을 떠나지 않더라고요."

"그래, 지금도 생활비가 없어서 많이 힘들어하는 것 같더라."

"저보다 어려운 것 같으니 당연히 도와줘야지요."

많이 가지고 있다고 해서 누군가를 도울 수 있는 것은 아니다. 누군가를 돕는다는 것은 자기가 가진 것을 즉시 나누는 실천에서 비롯된다. 양승우 씨가 이렇게 실천에 힘쓰게 된 것은 멘토에게 영향을 받은 바 크다. 세상을 위해 자기가 가진 것을 조금이라도 나누려고 하는 소수의 권순동과 양승우들이 있기에, 각박한 세상이지만 때로 조금은 견딜 만하게 느껴지는 게 아닐까? 멘토 권순동은 재능에 앞서 인격이 중요하다고 보았고, 이런 생각은 멘티 양승우에게 고스란히 이어졌다. 재능보다 사람이 먼저라는 생각과 섬기고 나누는 삶이 대물림된 것이다. 멘토를 떠올리며 양승우 씨가 빙그레 웃는다.

"선생님은 누구를 만나든 생판 처음 보는 사람이라도 먼저 인사하라고 하십니다. 큰 소리로 인사하라고 말이지요."

이런 교육 탓인지 누구든 양승우 씨를 보면 '겸손하고 예의바른 청년'이라는 평가를 내린다고 한다.

"멘토와 오랫동안 함께 지내면서 장단점을 다 경험했다는 생각이 드는데, 가장 본받을만한 점 한 가지만 얘기해 주세요."

"선생님이 권위적인 사람이 아니어서 마음 편하게 노래했던 게 도움이 된 것 같아요. 항상 잘할 수 있다고 용기를 불어넣어 주셔서 많이 발전했고 자신감도 가지게 되었습니다."

멘토가 멘티에게 용기를 불어넣고 자신감을 심어주는 것 이상으로 뭐가 더 필요할까? 멋지게 성장하고 있는 멘티에게 제대로 인정받고 있다면, 그는 이미 성공한 멘토가 아닐까?

이 시대에는 자신에게 이득이 되지 않으면 가치 있는 것을 가르쳐주려 하지 않는다. 어떤 것이든 뭔가 보상을 요구한다. 하지만 멘토 권순동은 아무런 대가를 기대하지도 받지도 않고 멘티 양승우를 음악가의 길로 이끌어주었다. 멘티 양승우 또한 자신을 업그레이드시켜 줄 멘토를 만났을 때 필사적으로 매달리며 최선 그 이상을 쏟아 부었다. 결과적으로 SBS 《스타킹》은 멘티 양승우와 멘토 권순동을 이어준 오작교가 되었고, 두 사람은 소통하고 응원하며 함께 자라가고 있다.

세상에는 멘토를 자부하는 사람들로 차고 넘친다. 하지만 멘티의 삶을 변화시켜 또 다른 멘토로 자라나도록 이끌어주는 진정한 멘토는 찾아보기 힘들다. 멘토든 멘티든 서로를 알아보고 가치 있는 소통을 이어가려면 각자 자신의 영역에서 철저하게 준비되어야 한다.

멘토 권순동은 양승우를 비롯한 멘티들을 위해 모든 것을 내어줄 각오로 자신을 단련시켰고, 멘티 양승우는 멘토가 이끄는 대로 음악을 위해 모든 것을 내던질 각오로 최선을 다했다. 우리는 권순동처럼 누군가의 멘토로 나설 준비가 되었는가? 아니면 양승우처럼 누군가의 멘티로 철저하게 배울 준비가 되었는가?

소통하는 멘토로 크고 싶다
■ ■ ■

"그러고 보니 변성기를 어떻게 보내셨는지 궁금합니다. 성악가들의 경우에 목소리가 정말 중요할 텐데 목 관리는 어떻게 하셨나요?"

"특별한 비법은 없고요, 가급적 큰 소리로 말하지 않으려고 노력했습니다."

변성기는 노래를 하고 싶은 사람에게 가장 답답한 시기다. 이 시기에는 노래하고 싶다고 마구 내지르면 목에 상처가 나서 아름다운 목소리를 영영 잃어버릴 수도 있다. 이런 원리는 어쩌면 사람과의 소통에 있어서도 마찬가지가 아닐까? 음악과 소통하기 위해 우리 몸이 준비되어야 하듯이, 사람과 소통할 때도 기다림과 끈기와 신뢰를 준비해야 하지 않을까?

"멘토 선생님이 저를 믿어주시고 저 또한 선생님을 믿고 따랐기에, 제가 음악으로 하나둘 꽃을 피워낼 수 있었다고 봅니다. 저는 선생님에게서 받은 소통의 자양분을 5배, 10배 갈무리해서 음악을 하고 싶어 하는 사람들과 즐겁게 소통하고 싶습니다."

멘토와 멘티는 역할에 차이가 있을 뿐, 함께 성장하며 시너지 효과를 내려면 소통이 가장 중요하다. 행복하게 소통해야 할 대상이지 억압하거나 굴종하는 관계가 되어서는 안 된다. 이런 점에서 멘토 권순동은 멘티 양승우에게 진정한 멘토의 모습을 보여준 참 스승이 아닐까?

"그런데 누군가에게 뭔가를 배운다는 것은 사람을 움츠러들게 하는 것 같아요. 가지고 싶은 것을 상대방에게 얻어야 하는 상황이라면, 무조건 고개를 숙여야 하는 것처럼 말이죠. 이런 점에서 배우는 사람은 을의 입장에서 이런저런 생각이 많을 것 같아요. 양승우 씨는 지금까지는 배우는 입장이었지만 앞으로는 가르치는 입장에 설 때도 많아질 것 같은데, 멘티로서 멘토와 나눈 소통의 경험을 들어보고 싶어요. 소통을 통해 신뢰 관계를 형성하고 함께 자라기를 원하는 모습은 무척이나 신선하게 들렸거든요. 앞으로 멘토들과 어떤 방식으로 관계를 발전시켜 나가고 싶은지, 또 이상적인 멘토와 멘티의 관계는 어떤 거라고 생각하시는지 듣고 싶어요."

"어떨 땐 친구 같고 어떨 땐 아버지와 아들 같은 편안한 관계가 되었으면 좋겠어요. 독일에서 공부를 해보니까 선생님과 그 클래스의 학생은 편안한 친구 사이 같았어요."

그는 다정한 친구나 아버지처럼 먼저 다가가 편하게 레슨을 받고 싶게 만드는 그런 멘토를 꿈꾸고 있었다. 권순동 교수는 가르칠 때 어떤 모습을 보이는지 물어보려는데, 그가 곧바로 말을 이었다.

"다른 클래스의 학생들을 보면 선생님이 무서워서 묻고 싶은 것이 있어도 제대로 묻지 못하는 경우가 많아요. 그래서 선생님과 저의 관계를 부러워합니다."

그런데 제자나 멘티는 수동적으로 도움만 받는 존재는 아니다. 멘토의 어려운 부분을 공감하고 멘토의 삶에 영향을 미칠 수도 있다. 말하자면 능동적인 멘티는 단순히 받기만 하는 게 아니라 주도적으로 소통하고 멘토의 어려움을 공감하면서 그 삶에 조언을 할 수 있는 사람이다. 멘티 양승우가 멘토 권순동과 어떤 관계를 형성하고 있는지 궁금해졌다.

"선생님이랑 공부한 지가 6년이 되다 보니까 발성이나 생각이 비슷한 게 많아요. 때로 선생님이 저한테 의견을 물어보실 때가 있어요. '학생들에게 어떤 노래를 부르게 할까?' 하고 물어보시면, 어떤 노래가 그 친구 음색에 잘 어울릴 것 같다고 말씀드리곤 합니다."

그의 이야기를 들으며, 권순동 교수가 멘티 양승우에게 멘토의 역할을 조금씩 맡겨보는 게 아닌가 하는 생각이 들었다. 학생들의 음색을 발견하며 키워주고 응원하던 자신의 역할을 멘티 양승우에게 물어보는 방식으로 훈련시키는 것 같았다. 어쩌면 진정한 멘토이자 스승은 멘티이자 제자가 누구나 인정할 만한 멋진 선생으로 우뚝 서기를 기대하며 응원하지 않을까?

작은 거인, 노래로 세상을 움직이다
■ ■ ■

음으로 이루어진 아름다운 하모니가 음악이다. 하모니를 전제로 한다는 것은 결국 음악에 소통하는 힘이 깃들어 있다는 얘기다. 노래를 부르며 감동받고 음악으로 세상과 소통하는 양승우 씨는 '뭘 하면 가장 행복할까?' 하고 고민했는데, 어느 날 문득 '아, 그게 음악이었구나.' 하고 깨닫게 되었다고 한다. 현재 그는 독일에서 유학하며 자신이 음악과 소통하며 몸에 익힌 감동을 다른 사람과 나누기 위해 치열하게 준비하고 있다. 그에게 음악공부란 쉬운 것일까? 독일에서 유학하는 동안 그가 어느 정도 발전을 이루었는지 궁금해졌다.

"클래식의 본고장이라 할 수 있는 유럽에서 공부하면서 어떤 것을 깨닫고 있나요?"

"얼떨결에 소리가 트여서 가끔은 당황하기도 해요. 그걸 잘 기억해야 하는데 얼떨결에 트이기 때문에 몸에 익히기가 쉽지 않더라고요."

생각해 보면 얼떨결에 되는 것은 없다. 결국 피나는 노력을 반복적으로 하다 보니 어느 순간 그렇게 된 것이 아니겠는가? 고비를 딛고 일어서는 인내심과 날마다 이어지는 자신과의 치열한 싸움이 없다면, 낯선 유학 생활을 견뎌내기도 득음의 경지에 이르기도 쉽지 않을 것이다.

"유명한 테너 플라시도 도밍고는 '쉬면 녹슨다'라고 했어요. 방학 때나 쉬는 날이면 공부를 하지 않고 쉴 때도 있었는데, 그러면 방학이 끝났을 때 항상 소리가 많이 달라져 있었어요. 제자리 걸음을 하거나 퇴보한 것이지요. 이런 일을 겪으면서 늘 스스로를 담금질합니다. 쉬면 쉴수록 녹이 스니 열심히 하자고 다짐하면서 말이지요."

양승우 씨 또한 사춘기를 거쳐 왔고 변성기를 힘들게 극복해 왔다. 요즘 청년들은 그에게 어떤 이미지로 다가올까? 또래 젊은이들을 보면서 어떤 이야기를 하고 싶은지 그에게 물어보았다.

"어떻게 보면 꿈이 없는 것 같아요. 정말 좋아하는 게 없는 것 같기도 하고요. 독일 청년들을 보면 정말 좋아하는 것을 찾아 승부하고 있다는 것을 확실히 느껴요. 저 또한 이곳에서 음악을 공부하며 그렇게 살아가려고 애쓰고 있습니다."

이제 우리나라도 학생들의 재능을 최대한 이끌어주고 발휘할 수 있도록 시스템을 정착시켜야 한다. 정말 좋아하는 것을 찾아 승부할 때, 성패를 떠나 후회 없는 인생을 살 수 있지 않을까? 그렇다면 20대 초반의 양승우 씨가 꿈꾸는 미래는 어떤 것일까?

"일단 세계적인 성악가가 되고 싶습니다. 그 다음에는 저처럼 열정이 있지만 경제적 어려움 때문에 음악을 하지 못하는 사람들을 가르치고 싶습니다. 권순동 선생님처럼 친구나 아버지 같은 멘토가 되어 멘티들과 즐겁게 호흡하고 싶습니다."

어려운 사람을 도와주는 멘토의 삶이 결국 멘티 양승우가 닮고 싶어 하는 모델이 되었다. 자신이 받은 것을 잊지 않고 사회와 다른 사람을 위해 내어주려 하는 마음이 그의 열정적인 목소리처럼 우리 두 사람이 마주한 공간을 크게 울렸다.

그는 노래하면서 행복을 찾고 싶어 한다. 음악과 함께 늙어가며 자기 삶속에서 음악의 내단을 키워가고 싶어 한다.

"언제 어디서나 음악은 저에게 위로가 되고 힘이 되어 주었습니다. 저는 평생 음악을 하며 행복을 느끼고 싶습니다."

세계적인 성악가가 되려는 목표보다는, 평생 음악을 하며 행복을 느끼고 싶다는 게 현재 그가 꾸고 있는 꿈이다. 그가 가난한 시골소년이었던 그 순간부터 음악의 본고장인 유럽에 유학하며 음악가로 성장하고 있는 지금까지, 음악은 그를 응원하며 그의 삶 깊숙한 곳에서 힘이 되어주었다. 자기 일을 응원하며 수많은 사람들의 일자리를 만들어주기 위해 궁리하는 짐팩트 구덕모 대표처럼, 양승우 씨도 평생 행복하게 동행할 음악을 응원하며 자라갈 것이다.

멘토와 함께 노래하고 멘토와 함께 동고동락하며 그를 붙잡아준 응원의 힘이 오늘의 그를 만들었다. 노래로 세상을 움직이는 작은 거인 양승우. 그의 아름다운 노래는 어디까지 울려 퍼질까? 음악가 양승우가 동시대의 청년들과 함께 호흡하며 음악으로 세상과 소통하고자 한다면, 따뜻한 꿈을 가진 사람들이 함께 손을 맞잡을 때 응원의 목소리는 더 큰 목소리로 증폭될 수 있다. 도움이 필요한 아동들에게 시선을 맞추고 그들의 손을 잡아주는 이가 있다. 약자와 맞잡은 위대한 손 러빙핸즈 Loving Hands

의 박현홍 대표를 만난다고 생각하니, 러빙핸즈에 담긴 응원의 열기가 저절로 느껴지는 듯하다.

11장

박현홍

약자에게 손을 내민 키다리아저씨

박현홍

도움이 필요한 어린이의 전체 인생에 집중해 멘토가 같은 지역의 멘티를 도울 수 있도록 연결해주는 러빙핸즈를 이끌고 있다. 국내 유수의 대기업을 그만두고 메이저 복지기관마저 포기한 뒤, "한 명의 아동, 청소년을 끝까지"라는 모토로 취약계층의 아이들이 꿈을 키워나가는 일에 평생을 걸었다. 삼성생명과 굿네이버스에서 근무했으며, 현재 멘토링 전문 NGO인 (사)러빙핸즈의 대표이자 1018 대안공간 '초록리본도서관' 공동대표를 맡고 있다.

성공을 갈망하는 사람이라면 약자에게 눈길을 주기가 쉽지 않다. 세상이 각박하고 경쟁이 치열하기에 자신에게 도움이 되는 곳으로 이끌리기 때문이다. 이 때문에 약자를 위해 가진 것을 내어놓는 것은 더욱 힘들다. 하지만 평생 약자를 위해 살겠다고 결심하고 도움이 필요한 아동들을 응원하는 사람이 있다. 러빙핸즈의 박현홍 대표가 바로 그 사람이다. 바라봄 사진관 나종민 대표가 그랬듯이, 박현홍 대표 또한 가치 있는 일에 시선을 집중하면 의미 있게 먹고 사는 길이 열린다는 것을 보여주었다.

점점 더 원하는 꿈을 이뤄내기 힘들어지고 있기에 부모들은 조기교육에 매달리고 있다. 이 때문일까? 친구들을 만나려면 학원에 가야 한다는 웃지 못 할 상황도 현실이 되었다. 상황이 이러다 보니 사회 취약계층의 아이들은 꿈을 키우는 것은 고사하고, 사회적인 관계를 맺어나가는 데도 어려움을 겪을 수밖에 없다. 하지만 먹고살기 힘들다며 다들 각개전투를 벌이는 상황이기에 누군가를 돕기 위해 가던 길을 멈추고 옆을 돌아보기란 쉽지 않다. 러빙핸즈 박현홍 대표의 선택에 놀라게 되는 까닭은 그가 이런 현실을 누구보다 잘 알면서도 거침없이 뛰어들었다는 점이다.

박현홍 대표는 국내 유수의 대기업을 그만둔 뒤 재취업한 메이저 복지기관마저 포기하고 도움이 필요한 아이들을 위해 살겠다며 NGO단체 러빙핸즈를 세웠다. 무려 10년 넘게 한 부모 가정과 조손가정 아동을 지원하는 멘토링 단체를 운영하고 있는 그는, 보이는 게 전부라며 앞만 보고 달려가는 사람들에게 보이지 않는 게 세상을 바꾼다며 함께 가자고 손을 내민다. 자기만을 위해 살아가는 이기적인 삶보다는 더 의미 있는 선택지가 있다고 믿고, 아이들에게 수많은 키다리 아저씨들을 이어주는 사람. 약자와 맞잡은 위대한 손, 러빙핸즈의 박현홍 대표를 만나러 간다.

러빙핸즈, 맞잡은 손

■ ■ ■

박현홍 대표의 비전에 매료되어 그가 이끄는 러빙핸즈를 관심을 갖고 지켜보던 게 벌써 2년째다. 개량한복을 입고 소탈한 미소를 지으며 미팅 자리를 찾은 그는 누구에게나 편안한 형님이자 친구가 되어줄 것처럼 보였다. 그를 만나자마자 먼저 그가 이끄는 러빙핸즈의 이름에 대해 물어본다. 어느 정도는 알고 있었지만, 제대로 확인하고 싶었던 부분이다.

"러빙핸즈라면 '사랑이 담긴 다정한 손들'이라는 뜻이잖아요. 말만 들어도 미소가 지어지고 마음이 따뜻해집니다."

"핸즈는 말 그대로 손이고 움직임입니다. 말만 하고 움직이지 않으면 러빙 마우스 Loving mouth 에 불과합니다. 말보다는 손과 발을 움직여 실행하자는 뜻이에요."

처음 러빙핸즈라는 이름을 들었을 때, 매우 독특하고 아름답다는 생각이 들었다. 따스한 체온이 담긴 손인데 그것도 여러 개의 손이다. 그렇다면 결국 많은 사람들과 가치 있고 의미 있는 실행을 함께하고 싶고 응원하며 함께하자는 게 아닌가?

박현홍 대표는 러빙핸즈라는 이름에 '행동하지 않으면 사랑을 전할 수 없으니 손을 움직이라.'라는 의미를 담아냈다고 한다. 이 단체는 도움이 필요한 한 부모 가정과 조손가정 아이들을 지원하는 아동전문 NGO 기관이다. 한 명의 아동이 성인으로 자라날 때까지 1:1로 멘토링하는 일을 하는데, 박현홍 대표는 이 단체를 지금까지 11년째 이끌어오고 있다.

"처음에는 역동적인 활동을 강조하고 싶어서 액션 핸즈 action hands 라고 할까도 생각한 적이 있어요. 그러다가 사랑의 손길이 생각났죠. 많은 사람들이 사랑으로 손을 맞잡으면 어떤 일이 벌어질까 궁금해진 겁니다."

2007년 2월부터 시작된 러빙핸즈 멘토링 서비스가 벌써 10주년이 지났다. 그동안 700명이 넘는 사람들이 러빙핸즈 멘토 양성과정을 수료했고, 멘토로 참여한 사람도 400명을 훌쩍 넘는다. 현재 223명의 멘토가 1:1로 멘티와 연결되어 러빙핸즈 멘토로 활동하고 있다고 한다. 이런 가운데 어느덧 108명에 달하는 멘티들이 고등학교를 졸업하고 성인이 되었다. 그동안 후원도 꾸준히 늘어나고 있으며 러빙핸즈에 대한 인지도 역시 가파르게 상승하고 있다고 한다.

"아동 멘토링에만 11년이라니 대단하다는 생각이 드네요. 역시 혼자 하기보다는 많은 사람들과 손을 맞잡았기 때문에 가능한 일이었던 것 같습니다."

"저 혼자 한 게 아니잖아요. 함께하는 분들의 손길이 있었기에 오늘에 이르렀다고 생각해요."

어린아이들이 건강하게 자라날 수 있도록 도와주는 것은 엄청난 인내심과 관심이 필요한 일이다. 자식도 마음대로 안 된다고 푸념하는 세상인데 다른 아이들은 오죽하겠는가. 절대적인 헌신과 희생이 없이는 엄두를 낼 수 없는 이 일을 그는 10년이 넘기까지 달려오고 있었다. 자신과 함께하는 멘토들은 물론이고 그들과 소통하는 아이들과 함께 말이다.

"나눔의 가치를 소중하게 생각한다는 점에서, 그리고 그 가치를 실천한다는 점에서 자원봉사와 러빙핸즈의 아동 멘토링은 진작부터 손을 잡고 함께 달려가고 있다고 봅니다."

러빙핸즈의 정신은 "수혜자 한 사람이 귀하니 그를 끝까지 책임지자."라고 할 수 있다. 도움이 필요한 아이가 있을 때 그 아이가 사는 동네에서 멘토를 물색해 최소 10년간 정서적으로 지원하는 것을 목표로 삼는다. 멘토링이 아이가 살아가는 지역에서 이루어지는 게 핵심이다.

길은 내면 된다

'두고 봐, 보란 듯이 꼭 성공하고 말 거야.'

박현홍 대표는 정말 성공하고 싶었다. 하지만 상황은 녹록지 않았다. 부친이 폐결핵을 앓고 시한부 인생을 선고받는 바람에 어린 시절을 암울하게 보내야 했다. 가난한 시골교회 목사의 아들로 태어나 집안의 경제적 어려움을 온몸으로 겪으며 자라온 그에게 선택지는 별로 없었다. 분노와 자괴감이 하늘을 찌를 듯했기에 무척 반항적이었다. 거친 사춘기를 지나 대학에 진학하고도 방황은 계속되었고, 결국 모든 것을 팽개치고 입대했지만 사람에 대한 불신만 가득 안은 채 제대하게 되었다. 그의 마음속에는 '사람은 믿을 만한 것이 못 돼.'라는 생각으로 가득했다. 방황은 복학한 뒤에도 계속되었지만 성공해야 한다는 결심만큼은 변함이 없었다.

하지만 그 이후에도 박현홍 대표의 위기는 이어졌다. 청운의 꿈을 품고 떠난 유학생활이 실패로 끝나버렸기 때문이다. 유학을 가기 전에 대기업에 잠시 근무하기도 했지만, 이 또한 얼마 가지 못했다. 모든 것이 거꾸로 가고 있다고 생각하던 어느 날 인생의 전기가 찾아왔다. 한국이웃사랑회굿네이버스의 전신에 지원했는데 덜컥 합격한 것이다. 오스트리아 비엔나에 유학하던 시절이었다. 33세라는 나이에 사회복지 NGO로 새롭게 출발한 것이다.

그는 대기업에 근무하는 동안 돈보다는 가치가 중요하다는 사실을 절감했다고 한다. 회사를 그만둔 뒤 사회복지대학원에 진학했고 유학을 통해 클라이언트를 도울 수 있는 충분한 지식과 기술까지 갖추었다. 이제 그에게 필요한 것은 자신의 경험과 지식을 적용할 현장이었다. 그러던 중에 사회복지 NGO단체에서 경험을 쌓을 기회가 온 것이다.

이렇게 굿네이버스와 인연을 맺으면서 7년 동안 북한팀장과 아동보호전문기관 업무를 맡으면서, 그는 자신의 관심사와 열정이 어디에 있는지 확인할 수 있었다. 특히 1년 반 동안 아동학대예방센터에서 일한 경험은 러빙핸즈의 태동에 중요한 영향을 미치게 된다. 관련 업무를 담당하는 동안, 도움이 필요한 아이들을 위해 일하는 것이야말로 자신의 가슴을 뛰게 한다는 것을 깨닫게 되었다고 한다.

"굿네이버스 아동학대예방센터에서 일한 경험을 통해 러빙핸즈의 모델을 발견한 셈이군요. 하지만 새로운 단체를 만들어 이끌어가는 것은 결코 쉽지 않은 일이었을 것 같아요."

"굉장히 고민이 많았습니다. '내가 잘할 수 있을까? 내가 정말 좋아하는 일일까?' 하고 물어보며 근본적인 문제부터 다시 확인하기 시작했어요. 하지만 나를 필요로 하는 곳이 어디일까를 진지하게 고민하면서 결국 마음을 정하게 되었죠. 러빙핸즈는 이렇게 탄생한 것입니다."

박현홍 대표는 긍정적이고 겁이 없다. 실패를 두려워하지 않는다. 특히 도움이 필요한 아동들에 관한 문제에 대해서는 온몸을 던져서라도 해결책을 찾아나가려 한다. 끈질기게 관찰하고 물고 늘어지면서 자기만의 길을 개척해 온 것이다.

"혹시 선택한 길에 후회는 없습니까?"

"러빙핸즈는 저를 필요로 하는 곳이 어디인가에 초점을 맞추어 만든 곳입니다. 도움이 필요한 아이들이 있고 아이들을 도우려는 사람들이 있는 한, 손을 맞잡고 함께 나아가는 이 일을 계속할 겁니다. 당연히 후회는 없지요."

대기업 고임금이 전부는 아니다

'이게 정말 내가 원하는 삶일까? 내가 정말 하고 싶은 일은 대체 뭐지?'

박현홍 대표는 대기업 삼성생명에서 일했다. 남들이 부러워하는 기업에서 일한다고 다들 부러워했지만, 정작 자신은 그리 즐겁지 않았다고 한다. 전혀 행복하지 않은 직장생활을 억지로 이어가며 1년 남짓 버티다가 결국 사표를 던졌다. 그의 나이 29세 때였다.

그때부터 그는 승진이나 출세보다 자신을 필요로 하는 곳에서 살아야겠다고 결심하고, 사회복지 NGO로 자리를 옮긴다. 그곳에서 그는 자신에게 딱 맞는 경기복을 입은 운동선수처럼 성과를 내기 시작한다.

"삼성에서 억지로 직장생활을 이어가기보다는, 제가 정말 하고 싶고 사회에도 꼭 필요한 일을 하고 싶었어요. 그러다 보니 신나게 일했고 자연스레 성과도 내게 되었지요."

사람마다 자신에게 맞는 일이 있다. 자신의 강점을 가장 잘 발휘하면서도 행복에너지를 가득 충전할 수 있는 그런 일과 마주하게 되면, 밤을 새워 일하더라도 피곤함을 모른다. 박현홍 대표는 고민 끝에 자신이 가장 잘할 수 있는 길을 선택했고 그 길에서 남은 인생의 의미를 발견했다. 비록 버는 돈은 대기업과 비교가 되지 않았지만, 즐겁게 일하며 보람을 수확할 수 있었기에 그는 과거보다 더 많은 가치를 벌어들이고 있었다. 그는 자신의 선택을 응원했고 선택한 뒤에는 절대 후회하거나 돌아보지 않았다. 그가 굿네이버스 활동가를 넘어 러빙핸즈 설립자로 나아갈 수 있었던 비결이었다.

요즘 사람들은 사회적으로 인정받고 돈 많이 주는 일자리를 선호한다. 대기업을 원하는 것도 따지고 보면 이런 이유다. 하지만 평생직장 개념이 희미해지면서, 사람들은 삶의 질과 행복에 점점 더 초점을 맞추고 있다. 박현홍 대표는 세상의 가치가 급변하는 것을 확인하고는, 짐팩트 구덕모 대표가 직원과 고객이 함께 행복한 회사를 꿈꾸었던 것처럼 도움이 필요한 아이들과 도우려는 멘토들을 연결해 주는 가치에 집중하게 되었다. 돈보다는 가치를 붙잡았고, 홀로 앞서가려 하기보다는 함께 어깨동무하며 나아가는 길을 선택한 것이다.

약자 편에 서고 싶다

"어린이들은 표가 없어요. 사회복지 분야에서도 가장 약자입니다."

어린이들은 투표권이 없으므로 상대적으로 더 소외될 수밖에 없다는 사실을 깨닫고, 그는 어린이들에게 관심을 갖게 되었다. 우리나라는 물론이고 인류의 미래는 어린이들에게 달려있는데도 이를 방관한다면, 결국 우리 스스로 미래를 방관하는 것이나 마찬가지다. 이 때문에 어린이들에게 관심을 기울이고 그들이 든든한 사회인으로 성장하도록 돕는 일은 결국 우리 미래를 돕고 응원하는 일이기도 하다. 그렇다면 러빙핸즈가 굳이 어린이 한 명을 상대로 한 프로그램에 집중하는 이유는 무엇일까?

예전에 그는 어느 행사장에 갔다가 어린이들을 불러다 놓고 전혀 신경을 쓰지 않는 것을 목격했다. 그때 아이들은 이구동성으로 "왜 나를 불러놓고 신경을 안 써?"라고 푸념을 했는데, 그 작은 목소리에 박현홍 대표는 정신이 번쩍 들었다. 그가 어린이 한 사람에게 집중하는 프로그램을 생각하기 시작한 것은 바로 그때부터라고 한다.

도움이 필요한 어린이가 스스로 결정할 수 있는 성인이 될 때까지 도움을 주자는 러빙핸즈의 나눔 철학은 이렇게 탄생했다. 그런데 도대체 어떻게 도와준다는 얘기일까?

"지난 10년 동안은 어린이들의 정서적 지원에 집중했습니다. 하지만 정서적 지원에 집중하다 보니 아이들이 취업이 안 되는 거예요. 어떻게 하면 취업을 도울 수 있을까 궁리한 끝에 도서관·주거공동체·대안학교 등을 고려하게 되었습니다."

어린이들의 필요에 집중하다 보니 사업 영역은 계속 확장되고 있다. 사회적 기업 1호점 '푸라닭'을 오픈하게 된 것도 이런 맥락이다. 가출이나 학교폭력 등을 예방하는 게 목적이지만, 아이들이 사회에서 자리 잡게 하려면 결국 자립할 수 있는 환경을 제공해 주어야 한다.

오늘날 사회에는 여러 종류의 약자가 존재한다. 장애인·다문화가족·새터민 등 취약계층의 아이들 외에도 사회적으로 도움이 필요한 약자들이 많다. 러빙핸즈가 이들의 손을 잡아줄 수 있을까?

"약자 편에 서고 싶다는 원칙은 어디든지 적용할 수 있습니다. 장애인·새터민·이주민이건 간에 러빙핸즈가 추구하는 한 명의 소중함에 대한 생각은 얼마든지 공유할 수 있기 때문이죠. 그러나 아직은 상대적으로 더 약자라 할 수 있는 어린이들에게 집중하고 싶습니다."

'한 명의 필요에 집중하겠다. 수혜자 한 명을 끝까지 책임지자.'라는 마음으로 11년째 이어온 러빙핸즈의 정신은 실로 놀랍다. 한 명의 어린이가 자신에게 집중하는 멘토와 소통하며 건강한 사회인으로 자라나고, 그들이 사회에서 자리 잡을 수 있도록 취업문제까지 체계적으로 고민하는 러빙핸즈 같은 NGO단체는 그래서 특별하다.

박현홍 대표가 굿네이버스를 그만두고 나온 이유는 수혜자에게 진정으로 도움이 되는 기관을 만들기 위해서였다. 후원자와 봉사자가 중심이 되는 시스템도 나름대로 의미가 있지만, 그는 수혜자의 필요에 집중하는 단체를 만들고 싶었다. 그리고 그중에서도 그는 사회적으로 가장 약자라 할 수 있는 취약계층 아이들의 필요에 주목했다. 한 번 인연을 맺은 어린이들을 끝까지 책임지는 구조를 만들기 위해 애쓰는 박 대표에게서 결연함이 느껴졌다.

너와 나를 살리는 응원의 힘

그는 종종 초청강연을 다니는데, 얼마 전 LH한국토지주택공사에서 멘토링 강의를 하면서 학생들의 반응을 보고 깜짝 놀랐다고 한다.

"강사님, 러빙핸즈 멘토링에 참여하려면 어떻게 하면 되나요?"

개인주의 성향의 대학생들이 많다 해도, 전부 다 그렇지는 않다는 것을 확인하는 순간이었다. 사회의 필요를 보고 삶을 나누게 되면, 당장 많은 수가 모이지는 않지만 참여할 사람이 나타난다. 신기한 점은 나누고 베풀면, 응원을 받은 사람도 성장하지만 응원하는 사람도 함께 성장한다는 것이다.

박현홍 대표와 얘기를 나누면서, 응원의 손길이 물결이 되어 널리 퍼지는 것을 상상해 보았다. 러빙핸즈는 독특한 수혜자 중심의 나눔 문화 확산운동이다. 한 명의 중요성을 강조하는 질적인 봉사다. 자기 돈을 내고 나누는 봉사이자 서로를 응원하는 것이다. 그러자면 자신이 좋아하고 잘하는 것이 무엇인지를 먼저 확인한 뒤 도와줄 대상을 찾아야 한다. 자기 먼저 멘토로 준비되어야 하고, 멘토가 자신의 강점을 쏟아 부어 좀 더 가치 있는 열매를 맺을 수 있는 사람을 멘티로 만난다면 더욱더 의미 있는 결과를 이끌어낼 수 있다는 얘기다.

세상을 변화시키는 응원은 어떻게 오는가? 박현홍 대표의 경우에는 그를 강력하게 지지하는 그룹과 멘토단이 있었다. 그들이 자기 일처럼 나서서 도와주었다고 한다. 자신들의 형편이 좋지 않은데도 말이다.

"러빙핸즈는 일종의 연대입니다. 저의 생각에 동의하는 100명의 후원자들이 있었는데, 그 100명 중에 30명은 돈이 없는 선교사와 간사였습니다. 그분들이 다 저를 밀어주고 신뢰해 주셨어요."

러빙핸즈의 핵심은 연대와 응원이고, 멘토링의 궁극적인 지향점은 사람을 키우는 것이다. 지난 10년 동안 러빙핸즈 프로그램에 멘티로 도움을 받았던 이들 가운데, 현재 멘토로 성장해 자신과 같은 이들을 돕는 경우도 있다. 24세와 22세로 성장한 그들이 각각 중학교 3학년생과 초등학교 6학년생의 멘토를 하고 있다는 게 러빙핸즈의 보람이자 성과다.

"멘티가 자라나 멘토가 되었다고 하니, 세대와 세대가 손을 맞잡고 서로를 응원하는 느낌이 듭니다. 돌이켜보면 이 모든 게 응원의 힘이 아닐까요?"

"저도 그렇게 생각합니다. 저 자신도 응원의 힘으로 이 자리에 올 수 있었습니다. 이런 응원의 힘이 전국 방방곡곡으로 퍼져 나갔으면 좋겠습니다."

손을 맞잡는 응원은 결국 함께 힘을 합쳐 서로가 지향하는 가치 있는 꿈을 이뤄내도록 도와주는 것이다. 박현홍 대표를 비롯해 이 책에 등장하는 다른 10명의 멘토들 또한 자신을 응원하는 가운데 수많은 멘티들과 손을 잡고 함께 성장했다. 냉혹한 현실이라는 거센 물줄기를 온몸으로 맞으면서도 자신의 영역에서 가장 잘할 수 있는 것을 찾아내 삶을 의미 있게 확장하는 사람들. 이 중에는 해마다 꽃을 피우며 화려한 향기로 감동을 선사하는 사람들도 있고, 이제 막 한 송이 꽃을 피워낸 사람들도 있으며, 꽃봉오리를 서서히 열어가는 사람들도 있다. 우리가 할 일은 이들이 날마다 자기만의 필살기를 가다듬으며 다른 사람들을 향한 시선을 거두지 않고 있음을 기억하는 것이다.

자신의 가능성을 확인하고 실험하며 실행하는 용기, 의미부여를 통해 부정적인 시각을 역전시켜 자기 삶에 박수를 보내는 날을 맞이해야 한다. 비록 아직 자기만의 음색을 찾지 못했다 해도, 나눔과 소통에서 인생의 키를 찾아나가며 스스로의 꿈을 지휘하는 그날까지 한 걸음씩 나아가야 한다. 이렇게 내면에서 가치를 발명하려는 사람들이 서로를 응원하며 함께 만든 무대에 오를 때, 자신의 삶을 아름답게 연주하는 오케스트라에서 활짝 웃을 수 있을 것이다.

글을 맺으며

또 다른 응원을 시작하며

　무더운 여름의 뜨거운 햇살은 가을을 익어가게 하고, 풍년을 기대하는 농부의 마음은 기대감으로 뛰어논다. 잘 익은 열매들은 고비 때마다 옆자리에서 물과 양분으로 응원하며 사계절을 함께하는 농부들의 인생과 닮았다. 꿈을 키워가며 가치 있는 도전을 이어가고 있다는 점에서, 이 책의 주인공들도 농부들처럼 인생이라는 나무를 멋지게 키워내고 있었다. 그런 나무들에 깃들어 그들의 노래를 들으며 열매를 꿈꾸는 동안 스스로 조금씩 변하는 것을 느꼈다.
　자신의 꿈을 힘 있게 개척하고 있는 11명을 만나고 돌아오는 길. 어디론가 바쁘게 흘러가는 사람들에게서 그동안 흐릿하게만 보이던 열정과 에너지가 느껴진다. 나무의 종류와 크기는 다르지만, 자기 삶으로 본을 보여주며 응원을 실천하는 그들에게서 위로와 희망을 발견했기 때문이리라. 실천을 통해 보여준 그들의 헌신과 나눔은 나를 응원하는 것을 넘어 다른 사람을 응원하는 삶을 살아가도록 격려해 주었다.
　이제 가을이 이파리를 떨구고 겨울로 한 걸음씩 나아가면, 나무들은 춥고 힘든 시절을 온몸으로 이겨내며 새로운 봄을 기대할 것이다. 하지만 숲에 깃든 열매들은 나무의 꿈을 키우며 겨우내 인고의 시절을 묵묵히 견뎌낼 것이다. 이 책의 주인공들은 물론이고 응원에 참여하는 우리들도 겨울과 같은 어려운 시기를 거칠 수 있다. 하지만 겨울을 견뎌내며 나이테가 하나씩 늘어나는 동안 우리는 어려움을 이겨내는 내성을 키우며 더 건강한 열매를 맺게 될 것이다.

  이 책을 통해 11명과 만나는 동안 자신의 삶과 닮은 이들을 발견하고 반가워하게 될지도 모른다. 필자로서 소망하는 것은, 내가 이들에게서 응원을 받아 더 많은 사람들을 응원하기 위해 나섰듯이 자신과 비슷한 삶의 궤적을 그리는 이들에게서 역할모델을 발견했으면 좋겠다는 것이다. 이런저런 이유로 잃어버렸던 에너지를 회복하여 자신은 물론이고 다른 사람을 응원하는 길에 동참하길 바라는 마음 간절하다.

  누군가의 손을 잡아준다는 것은 함께 공명하는 것이다. 그런데 가치 있는 삶이 공명하며 사회를 더욱 조화롭게 만든다면 얼마나 좋을까? 각자의 삶이라는 악기들이 응원에 힘입어 서로 소통하며 한 목소리로 연주해 내듯이 말이다. 이렇게 우리 사회에서 소통은 서로의 삶을 나누는 것이고 응원을 통해 힘을 얻는다는 점에서, 응원은 자원봉사의 출발점이자 마중물과 같다.

꿈을 개척하며 달려가고 있는 이 책의 주인공들처럼, 독자들도 또 다른 응원의 주인공으로 합류하여 꿈의 위력을 보여주는 삶을 살았으면 좋겠다. 앞으로 응원의 나무들이 더 큰 숲을 이루고 수많은 응원의 씨앗으로 퍼져나가길 기대한다.

응원의 씨앗을 뿌리며,

오창섭 드림